Zu diesem Buch

Kreativität, die produktive Bewältigung neuer Aufgaben, hat dem Menschen einen Entwicklungsvorsprung vor seinen tierischen Verwandten verschafft. Kreativität ist eine menschliche Eigenart, keine Gnade, die nur Auserwählten zuteil wird. Kreativität kann man lernen. Die kreative Begabung, die jeder hat, wird meist nur durch Gewohnheiten und Vorurteile in ihrer Entfaltung gehemmt.

Kreativ sein bringt nicht nur Erfolg, es macht auch Spaß. So zwingt dieses Buch nicht zu harter Problemlösung, sondern verlockt spielerisch zu gezieltem Training. 68 Aufgabenreihen für ein tägliches 40-Minuten-Programm und sechs Kreativitätsspiele für die Wochenenden regen zu kreativem Verhalten an. Das variabel zu gestaltende Programm läßt sich aufgliedern in ein Spontantraining, ein Expansionstraining und ein Tiefentraining. Belohnt wird das Üben mit Ideenflüssigkeit, Assoziationsbereitschaft, Fähigkeit zum Auffinden neuartiger Beziehungen zwischen bekannten und unbekannten Sachverhalten, Flexibilität der Gedanken, Originalität im Problemlösen und mit dynamischer Produktivität.

Die Diplom-Psychologen Werner Kirst, geboren 1931, und Ulrich Diekmeyer, geboren 1940, befassen sich vor allem mit angewandter Psychologie, Pädagogik und Soziologie. Zusammen haben sie Trainingsprogramme, Tests, Bildungsmittel und Lernspiele für Kinder, Jugendliche und Erwachsene entwickelt. Als rororo-Sachbuch erschien ferner „Intelligenztraining“ (Nr. 6711).

Werner Kirst
Ulrich Diekmeyer

Creativitätstraining

Die Technik kreativen Verhaltens und produktiver Denkstrategien

rororo

Rowohlt

Grafische Gestaltung: Brian Bagnall
Quellen:
Fucks, W.: Formeln zur Macht. Stuttgart 1965: S. 26
Siegl, Wigg. München: S. 109
Statistisches Jahrbuch. Wiesbaden 1970: S. 44 f., 118 f.
Statistisches Jahrbuch München. München 1970: S. 98 f.
Umschlagentwurf Thomas Bonnie

Ungekürzte Ausgabe
Veröffentlicht im Rowohlt Taschenbuch Verlag GmbH,
Reinbek bei Hamburg, September 1973

Gesamtherstellung Clausen & Bosse, Leck/Schleswig
Printed in Germany
ISBN 3 499 16827 8

Einführung

Jeder Mensch ist kreativ. Oft gehört jedoch Mut oder ein sicherer Blick für Lösungsmöglichkeiten dazu, um Kreativität zu entfalten. Das können Sie lernen. Liebe Gewohnheiten, der tägliche Trott und tausend Vorurteile drängen jedoch Ihre Kreativität zurück.
Kreativität ist der Blick nach vorn.
Kreativ sein heißt: sich mit Aspekten, mit Möglichkeiten, mit der Zukunft des Gegenwärtigen auseinandersetzen. Es erfordert die Bereitschaft zum neuen Modell anstelle des Bekannten, Gewohnten und ewig Gestrigen. Kreativität in diesem Sinne brauchen wir alle. Jeder an seinem Platz.
Kreativität ist nicht Wolkenkuckucksheim. Es ist die produktive Bewältigung konkreter Aufgaben. Kreatives Verhalten ist der direkte Weg zum Erfolg. Der Weg, auf dem dieses Buch seine Leser begleitet.
Kreativität ist trainierbar, auch der Mut dazu und der Blick für die beste Gelegenheit, kreativ zu sein. Dieses Buch gibt Ihnen den Beweis in die Hand. Es gibt einige hundert Anstöße zu kreativem Verhalten und regt spielerisch zu gezieltem Training an. Dieses Buch will Sie anregen, den Weg zum Erfolg gelassen zu gehen. Es gibt keinen Zwang. Sie können sich nach eigenem Gutdünken Zwischenziele markieren. Wichtig am Anfang ist ausschließlich die gründliche Analyse des Problemfeldes. Dann sollten Sie sich Zeit lassen, mit Ideen und Möglichkeiten spielen, freie Einfälle produzieren, nichts für endgültig halten, Stratege sein.

Beginnen Sie mit einem Einblick in Ihre eigenen kreativen Anlagen. Die Übersicht auf den Seiten 127/128 vermittelt Ihnen detaillierte Kenntnisse über die 15 Abteilungen Ihrer Kreativität und zeigt Ihnen, mit welchen Aufgabenreihen Sie jede von ihnen anregen können.
Diese 68 Aufgabenreihen finden Sie auf den folgenden 116 Seiten. Außerdem sechs Spiele, mit denen Sie und Ihre Freunde am Wochenende Ihre kreativen Fähigkeiten überprüfen können.
So trainieren Sie Ihre Kreativität am besten: Lassen Sie sich durch die drei Trainingspläne am Ende des Buches anregen. Finden Sie dann heraus, welche Methode Ihnen liegt. Entwickeln Sie Ihren eigenen Trainingsplan. Die Einleitungen zu den zwölf Trainingsfeldern helfen Ihnen dabei. Ertragen Sie ab heute Ungewißheiten. Verarbeiten Sie Neues kritisch. Verwerten Sie alle angebotenen Möglichkeiten und Ihre Gedanken beweglich. Gestalten und verwerfen Sie. Finden Sie Abhängigkeiten und Zusammenhänge. Ergänzen Sie unvollständige Informationen. Überwinden Sie Hemmungen. Der Satz »Das war schon immer so« gilt nicht mehr. Noch weniger der Slogan: »Keine Experimente«. Entwickeln Sie Strategien und Pläne. Auch die verrücktesten haben einen Sinn, wenn auch nur den, wieder verworfen zu werden. Entwickeln Sie Ideen. Verwenden Sie Ihr Wissen kreativ.

Inhalt

Spiel 1: Drudel-Spiel

Drudeln Sie gern? In 30 Feldern sehen Sie Bildausschnitte von bekannten Dingen in ungewohnter Perspektive

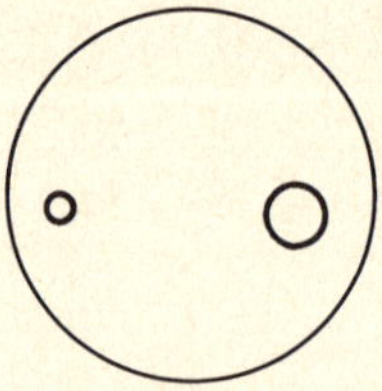

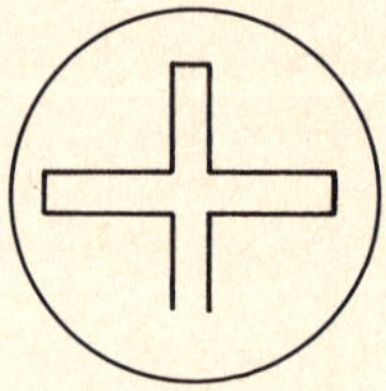

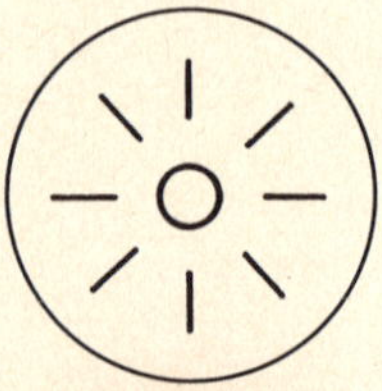

Raten Sie, was die Bildausschnitte zeigen und überraschen Sie Ihre Partner durch einen brillanten Geistesblitz

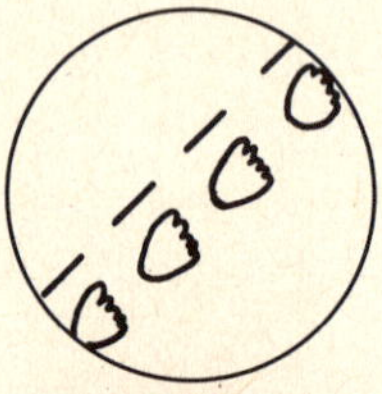

Spielen Sie mit Freunden oder allein. Mit einem Würfel werfen Sie zweimal

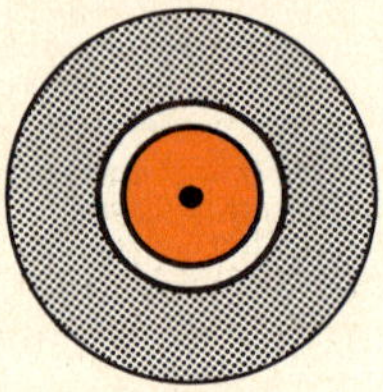

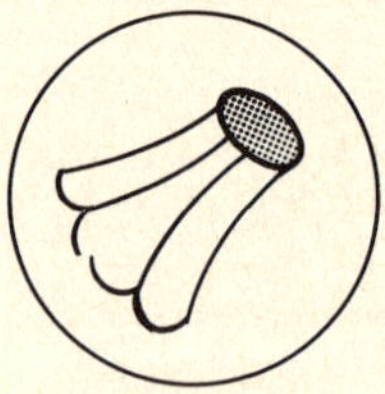

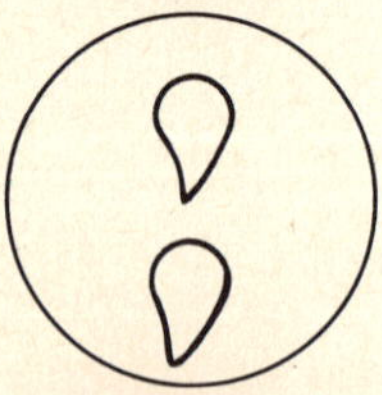

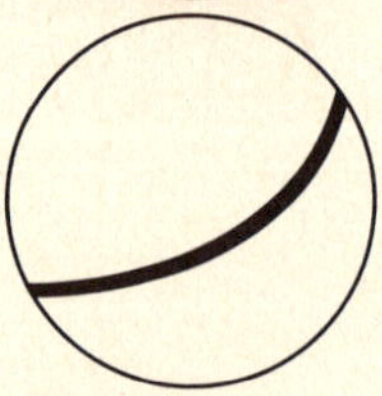

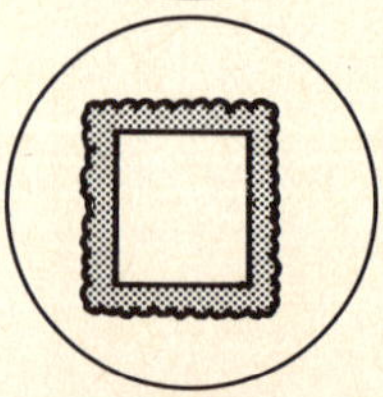

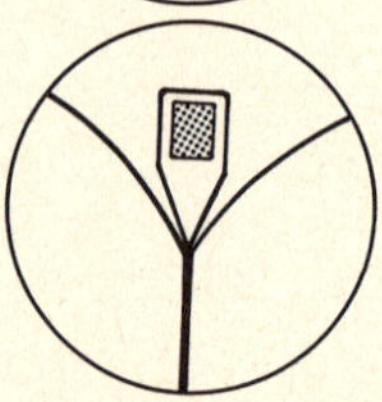

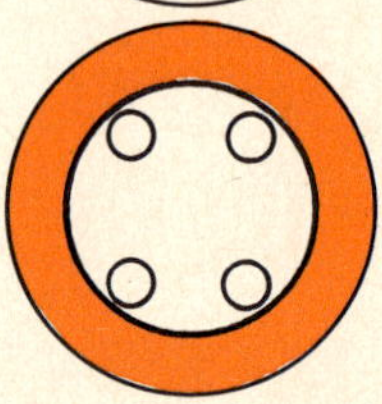

Der erste Wurf gibt die Zeile an, der zweite die Spalte. In ihrem Schnittpunkt liegt Ihr Spielfeld
Wenn Sie zweimal dieselbe Zahl erhalten, wiederholen Sie den Wurf. Lassen Sie nun die Ideenquelle sprudeln
Ein Beispiel:
turnender Regenwurm; mißbrauchte Büroklammer

Hier einige Beispiele zum Drudel-Spiel:

Für Drudel gibt es, wie bei jedem kreativen Spiel, keine beste Lösung. Je nach Spielpartnern werden sich witzige, freche oder verblüffende Interpretationen finden. Einige Deutungen finden Sie hier als Beispiele für denkbare, reizvolle Lösungen. Die Ziffern kennzeichnen die Kreisfelder im Spielplan, die erste die Zeile, die zweite die Spalte. Der Schnittpunkt von Zeile und Spalte ist das bezeichnete Feld:

12 Entzündetes Auge
14 Pianist rauscht aus dem Saal
24 Flitterwochen im Schnee
25 Bumerangs, einander liebend
41 Fernsehturm von oben
62 Haarspalterei
64 Tauziehen zu dritt

Erstes Trainingsfeld

Entspannen Sie sich, bevor Sie mit dem Training beginnen. Freuen Sie sich auf die Auseinandersetzung mit sich selbst: Ihre Leistungen stärken Ihr Selbstbewußtsein. Ab heute werden Sie auch kurze Zeiträume kreativ gestalten. So entwickeln Sie Ihre eigenen Möglichkeiten am sichersten.

Die erste beste Idee ist manchmal die letzte gute . . .

Bauen Sie Vorurteile ab. Bauen Sie Ihre Phantasie auf.

Probleme zu lösen ist schwer. Schwerer ist es, Probleme zu sehen.

Fordern Sie sich heraus – selbstzufrieden sind die anderen.

Haben Sie keine Angst vor Ihren eigenen Ideen.

Halten Sie sich mit guten Einfällen nicht auf. Es gibt noch bessere!

* 1. Tageszeitung

Sie können Ihre Kreativität systematisch trainieren. Im Alltag, ganz nebenbei. Nehmen Sie einfach kreative Gewohnheiten an. Hier ist gleich die erste: Entdecken Sie Neues in Altvertrautem. Zum Beispiel in Ihrer täglichen Zeitung.

1. Finden Sie zu politischen Schlagzeilen je eine Überschrift im Wirtschaftsteil, die so gegensätzlich wie möglich ist, zum Beispiel:

Aktion gegen Bildungswirrwarr

Der Papierdollar regiert die Welt

2. Finden Sie zu Wohnungsanzeigen andere, die in sämtlichen Details völlige Gegensätze bilden, zum Beispiel:

Besitz am Chiemsee Lux.-Villa, 370 qm, 15 Zi., 2 Ggn., 4500 qm, Hafen, Bootshaus, 1 Mio.
Junger Herr sucht möbl. Zimmer mögl. Straßenbahnbereich

3. Entwickeln Sie aus Schlagzeilen und Annoncen sämtlicher Rubriken eine Kette ungleicher Glieder, z. B.:

Arbeitszeit der Betriebsräte bis 1970

Der Rettungsring für den Leistungssport

Junge Silberkleinpudel mit Stammbaum zu verkaufen

Banken springen über die Grenzen

So erleben Sie die vertraute Tageszeitung völlig neu. Sie gibt Ihnen die beste Gelegenheit, Vorhandenes gründlich zu analysieren. Und damit beginnt der Zugang zu Ihren kreativen Leistungen. Suchen Sie deshalb weiter: nach Gegensätzen zu Werbeslogans, nach Buchtiteln und Fernsehsendungen. Bilden Sie daraus Ketten einander unähnlicher Glieder.

* Empfohlene Beschäftigungsdauer je Aufgabenreihe in Minuten (siehe auch Trainingspläne 1 bis 3).

2. Suchfelder

Sie haben bestimmt ein Telefonbuch zu Hause. Und einen Versandhauskatalog können Sie sich besorgen. Beides hilft Ihnen bei der folgenden Übung, bei der Sie Ihr kreatives Denken trainieren. Es kommt hier darauf an, Unübersichtliches nach Suchfeldern zu ordnen und selbst neue Suchfelder zu bilden – je nachdem, was von Ihnen verlangt wird.

1. Was braucht ein junges Paar, wenn es eine leere Dreizimmerwohnung in einen funktionierenden Haushalt verwandeln will? Sie sind der Berater. Schlagen Sie Ihren Katalog auf und lösen Sie diese Aufgabe mit Hilfe einiger Suchfelder. Zum Beispiel:

Zimmer: Welche Möbel?
Schränke, Regale: Was enthalten sie?
Tätigkeiten der Frau/des Mannes: an einem Tag, in einer Woche, in einem Monat. Was brauchen sie in den einzelnen Jahreszeiten?
Pläne und Ziele der Frau/des Mannes: Was werden sie brauchen?

2. Mit welchen Berufen sind Sie während der letzten zwei Jahre in Berührung gekommen?
Auf den »Gelben Seiten« Ihres Telefonbuches finden Sie fast alle Berufe in Ihrer Stadt. Verschaffen Sie sich einen Überblick nach einem dieser Suchfelder:

Grundmaterialien: Holz, Glas, Gewebe, Metalle usw.:
Was haben Sie benötigt?
Dienstleistungen zu verschiedenen Zeiten und an verschiedenen Orten:
Welche haben Sie beansprucht?
Sachgruppen Ihres Besitzes:
Wer hat sie erzeugt/repariert?

3. Welche Wünsche haben Sie? Welche Wünsche haben wohl Ihre drei besten Freunde? Ordnen Sie diesen Berg von Träumen und Sehnsüchten ganz sachlich: stellen Sie Suchfelder auf, in denen Sie eine möglichst vollständige Übersicht geben.

a) Die zeitlichen Dimensionen: kurz-, mittel-, langfristige Wünsche:
Welche Ziele liegen jeweils darin?
b) Der Grad der Erfüllung: reale, wahrscheinliche, unwahrscheinliche, utopische Erfüllung:
Welche Ziele lassen sich jeweils umschreiben?

Sie üben zwei kreative Gewohnheiten auf einmal: Eine Sache sofort sinnvoll zu ordnen und aufzugliedern, Wissen und Wünsche auf einen ›Brennpunkt‹ zu sammeln. Wenden Sie Ihre neuen Fähigkeiten an, erfinden Sie Suchfelder. Ordnen und gruppieren Sie übersichtlich den Inhalt eines Sackes mit Briefpost.
Oder 360 Reisende eines TEE-Zuges.

3. Wortbilder

Ihre Gedanken und Wünsche drücken Sie gewöhnlich in Worten aus. Sie könnten auch in Bildern sprechen. Verbinden Sie beides: Gestalten Sie Bilder aus Wörtern. Bilder, die bereits optisch das zeigen, was Sie sagen wollen. Üben Sie das zunächst ein wenig. Dann können Sie sich in Ihrem nächsten Brief viel intensiver als sonst ausdrücken:

Hier finden Sie einige Beispiele. Das sind Anregungen für Sie. Überlegen Sie dabei: Was ist hier dargestellt? Warum wohl gerade so? Wie wurde diese Wirkung erreicht? Was wird ein anderer dabei empfinden? Setzen Sie diese Spiele fort mit Ihren Gedanken: Sie nehmen Wörter, kleine Sätze und bilden die Buchstaben nach Ihren Vorstellungen um.

Spielen Sie nicht allein mit Buchstaben und Wörtern. Versuchen Sie es auch mit den Zahlen (die werden Ihnen dabei übrigens viel sympathischer als bisher). Hier finden Sie einige Pointen als Beispiele. Lassen Sie sich dadurch zu eigenen Einfällen anregen. Zusammen mit Freunden wird dieses Spiel nicht nur lehrreich, sondern auch spannend.

Sie werden durch Wort- und Zahlenbilder aber nicht nur zu immer neuen Einfällen angeregt. Sie üben auch, mit fest vorgegebenen Formen zu spielen und die festen Formen dabei aufzulösen. Das bringt Ihre kreativen Neigungen ans Licht. Und gleichzeitig gewöhnen Sie sich daran, Ihre Vorstellungen plastischer auszudrücken.

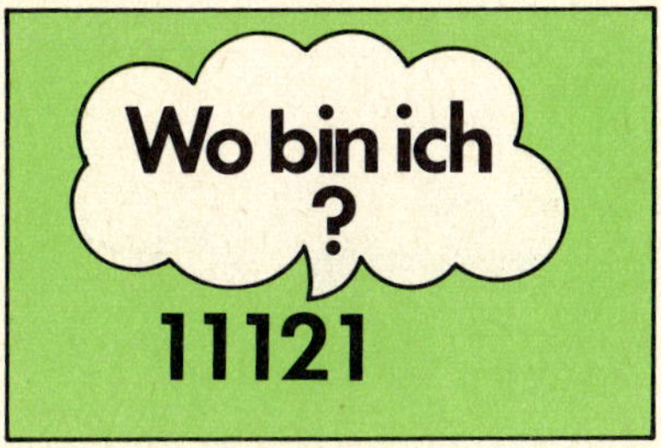

4. Tierbilder

Unsere Schrift entstammt einer uralten Bilderfolge, mit der sich unsere Vorfahren verständigt haben. Erst die Phantasie vieler Generationen hat die Buchstaben in ihrer heutigen Form entwickelt. Gedanken und Inhalte sind inzwischen aus der Schreibweise nicht mehr zu erkennen, die Rechtschreibung hat mit Höhlenzeichnungen nichts mehr zu tun.

Sie sehen – es muß nicht so sein. Hund, Katze, Fisch und Kamel werden in diesem Spiel allein durch die Buchstabenform erkennbar. Versuchen Sie, Pflanzen, Tiere und Städte so aufzuschreiben, daß Name und Gestalt eine Einheit bilden, die auch von anderen verstanden wird. So erlangen Sie ein kreatives Verhältnis zu den trockenen Buchstaben.

5. Ideenfeld

Wenn es um Einfälle geht, können Sie glänzen. Vorausgesetzt natürlich, Sie haben ein wenig mehr geübt als andere. Psychologen fragen im allgemeinen: Was ist Takete, was Maluma? Sehen Sie sich dabei die Zeichnungen rechts an. Beachten Sie dabei die Eigenschaften, die die Namen ausdrücken. (In der Abbildung: Takete links, Maluma rechts.)

1. Zu welchem Zeichen gehört der Name?
   Babalu
   Stibirr
   Olomo
   Kuaplat

2. Geben Sie diesen Zeichen Namen:

3. Welche Zeichen passen zu den Namen?

Siebeltri	Dinkiele
Ando	Standell
Dremelga	Loff
Fallote	Pet
Okot	Ebeni
Sakant	Wamm

Das war aber erst der halbe Weg. Üben Sie weiter: Erfinden Sie erst Zeichen aus einfachen Formen und dann ihre Namen – oder umgekehrt. So trainieren Sie Ihre Schlagfertigkeit am besten. Übrigens: Zu zweit macht das Spiel besonders viel Spaß.

6. Eigenschaften

Würfeln Sie, um Ihre Vorstellungen flüssig zu erhalten. Zuerst mit einem, dann mit zwei Würfeln, deren Augen Sie addieren. So erhalten Sie zwei Wörter auf der Scheibe. Verknüpfen Sie beide Eigenschaften. Suchen Sie zehn Dinge, die diese Eigenschaften besitzen.

Zum Beispiel: Sie würfeln 1 und 6, Sie finden: Schnee, Feder, Blatt Papier, Reiskorn, Tüte, Badeschaum, Luftballon, Wattebausch.

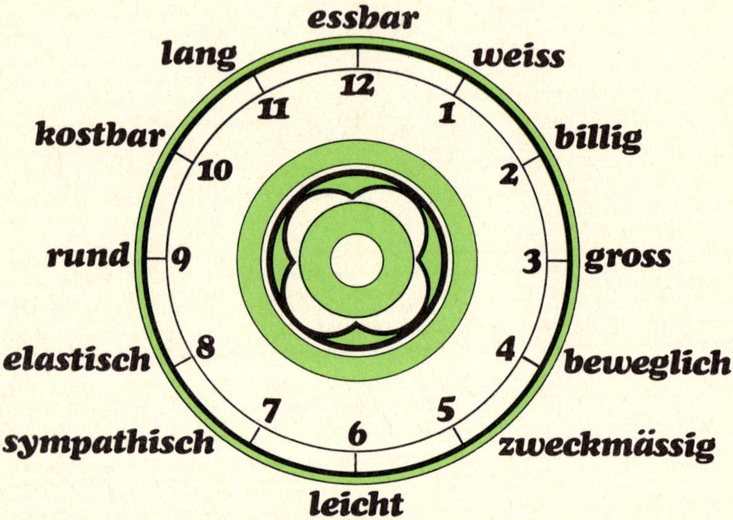

Sie können natürlich immer neue Eigenschaften hinzuerfinden. Bauen Sie sich selbst eine Würfelscheibe. Wenn Sie eine Weile geübt haben, versuchen Sie es vielleicht auch mit je drei oder noch mehr Eigenschaften zugleich. Je mehr Dinge Sie finden und je rascher es geht, um so besser für Sie.

Zweites Trainingsfeld

Setzen Sie sich vor allem ein Ziel. Trainieren Sie in übersichtlichen Abschnitten. So können Sie Ihre Leistungen am besten beobachten und finden Vertrauen zu sich. Drei Trainingspläne am Ende dieses Buches helfen Ihnen, das Training sinnvoll zu gliedern.

Warten Sie nicht auf die anderen. Fangen Sie an.

Gehen Sie an jedes Problem heran – unbefangen.

Vorschriften sind Spielregeln. Also kann man sie ändern.

Verlassen Sie sich nicht auf Ihre Erfahrungen.

Gestalten Sie Ihre Umwelt anregend.

Produzieren Sie mehr Ideen, als Sie brauchen.

7. Namenquelle

Es gibt unendlich viele Vornamen. Die wenigsten davon charakterisieren ihre Träger. Erfinden Sie neue Namen! Solche, bei deren Klang man sich eine bestimmte Person vorstellen kann. Bedingung: Sie sollten keinen Namen finden, den Sie je gehört haben. Nur so trainieren Sie die Fähigkeit, sich ständig Neues einfallen zu lassen. Spielen Sie das Namenspiel mit Freunden. Die Tabelle soll Ihnen mit einigen Beispielen helfen. Füllen Sie die Felder nacheinander mit verschiedenen Einfällen und ersetzen Sie die vorhandenen Beispiele.

	schön	dick	reich
Mann		Wampi	
Frau			
Freundin			
Freund			Trillo
Tante		Molla	Schrulli
Sexbombe	Mirah		
Twen	Laloli		Heppi

Für Leute mit Phantasie ist das Namenerfinden eine höchst vergnügliche Beschäftigung. Eine Variation: Geben Sie einer bekannten Persönlichkeit einen neuen Namen, der gleichzeitig eine hervorstechende Eigenschaft karikiert. Oder finden Sie ganz einfach neue, passendere Namen für Tiere und Dinge.

8. Wirtschaftsprognosen

Der verlockende Blick in die Zukunft zwingt uns zu schöpferischer Phantasie. Lediglich durch einige Leitlinien, willkürlich gesetzte Rahmenbedingungen, können wir unsere Prophezeiungen präzisieren. Träumen wir also nicht über die Zukunft im allgemeinen, sondern über das Jahr 2001, und innerhalb dieses Jahres über den Bereich Wirtschaft und Technik. Welche fünf unterschiedlichen Methoden werden wohl benützt, um die im folgenden angegebenen Ziele zu erreichen? Und welche dieser Methoden wird die zweckmäßigste sein? Suchen Sie bitte jeweils auch die drei treffendsten Begründungen für Ihre Auswahl.

Eine Autobahnbrücke über einen 400 m breiten Strom zu bauen.

Gebäude von einer Stadt in eine andere zu transportieren.

Baupreise für alle Bevölkerungsschichten akzeptabel zu machen.

Die Umweltverschmutzung auf ein gesundheitlich vertretbares Maß zu begrenzen.

Berge auch im Flachland zum ganzjährigen Skifahren zu errichten.

Hochhäuser mit 100 Stockwerken in wenigen Tagen aufzubauen.

Den Wunsch vieler Menschen nach einem eigenen Garten zu befriedigen.

Einen Freizeit- und Urlaubszirkus für alle Berufstätigen zu finanzieren.

Den individuellen Spielraum bei gleichzeitiger Rationalisierung zu vergrößern.

Die Ernährung der gesamten Weltbevölkerung auch bei Katastrophen zu sichern.

Den Lärmpegel in Wohn- und Erholungsregionen auf ein Minimum zu reduzieren.

Die Abhängigkeit der Staaten voneinander zur Friedenssicherung zu erreichen.

Wohnräume an veränderte Interessenlagen rasch und billig anzupassen.

Bau langlebiger Wirtschaftsgüter, ohne ihre Weiterentwicklung zu bremsen.

Diese Anregungen sind keine konkreten Voraussagen für das Jahr 2001. Dennoch lohnt es sich, diese oder andere mögliche Ereignisse als Aspekte der eigenen Zukunftsplanung vorwegzunehmen. Versuchen Sie ähnlich, das Zusammenleben der Menschen in naher Zukunft unter folgenden Überlegungen vorherzusagen:

Verhältnis von Eltern zu Kindern.
Verhältnis von Mitarbeitern zu Chefs.
Verhältnis von ›jung‹ zu ›alt‹.
Verhältnis von Inländern zu Ausländern.

9. Wunschbungalow

Durchschnittlich wechselt jeder zweite Bundesbürger alle zwei Jahre seine Wohnung. Machen Sie einige dieser Umzüge in Gedanken mit, planen Sie die neue Umgebung. Wichtig: Gehen Sie mit frischen Ideen an die Arbeit, stellen Sie nicht das Schaufenster eines Möbelhauses zusammen. Zeichnen Sie die unten abgebildeten Gegenstände in der vorgegebenen Größe in den Bungalow-Grundriß ein. Wenn Sie sich die Mühe machen, die verschiedenen Möbel aus Karton auszuschneiden, können Sie wie ein Innenarchitekt probieren und planen. Diese Gesichtspunkte müssen berücksichtigt werden:

- Bewohner sind Eltern und zwei Kinder,
- Vater benötigt einen Arbeitsraum,
- Abmessungen der Gegenstände,
- Schlafräume von Wohn- und Arbeitsräumen möglichst trennen,
- häufige Wege kurz halten,
- Lichtverhältnisse optimieren,
- Haustüre zeigt nach Norden.

Ändern Sie beim weiteren Training diese drei Bedingungen systematisch:

- Bewohner sind Ehepaar;
  drei Erwachsene; Ehepaar mit Kind;
- 50–80 Prozent der Möbel beibehalten;
  50–20 Prozent frei wählen;
- Mauern bis zu einer Länge von 10 Meter verändern (der gezeichnete Bunga-

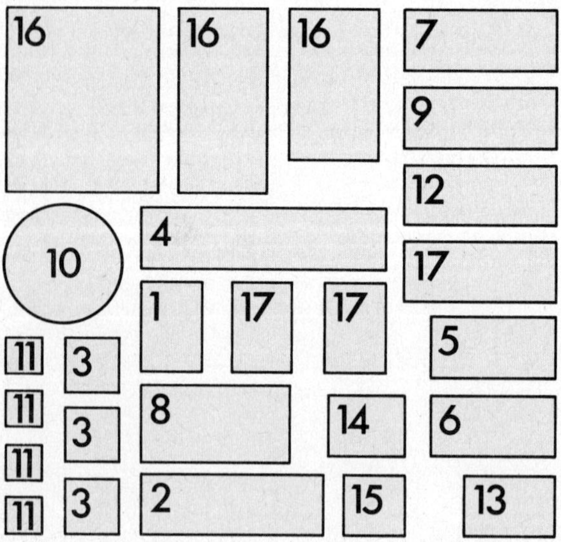

1 Wohnzimmertisch
2 Couch
3 Sessel
4 Wohnzimmerschrank
5 Bauernschrank
6 Truhe
7 Klavier
8 Schreibtisch
9 Arbeitsschrank
10 Eßtisch
11 Stuhl
12 Spültisch
13 Küchentisch
14 Herd
15 Kühlschrank
16 Bett
17 Schrank

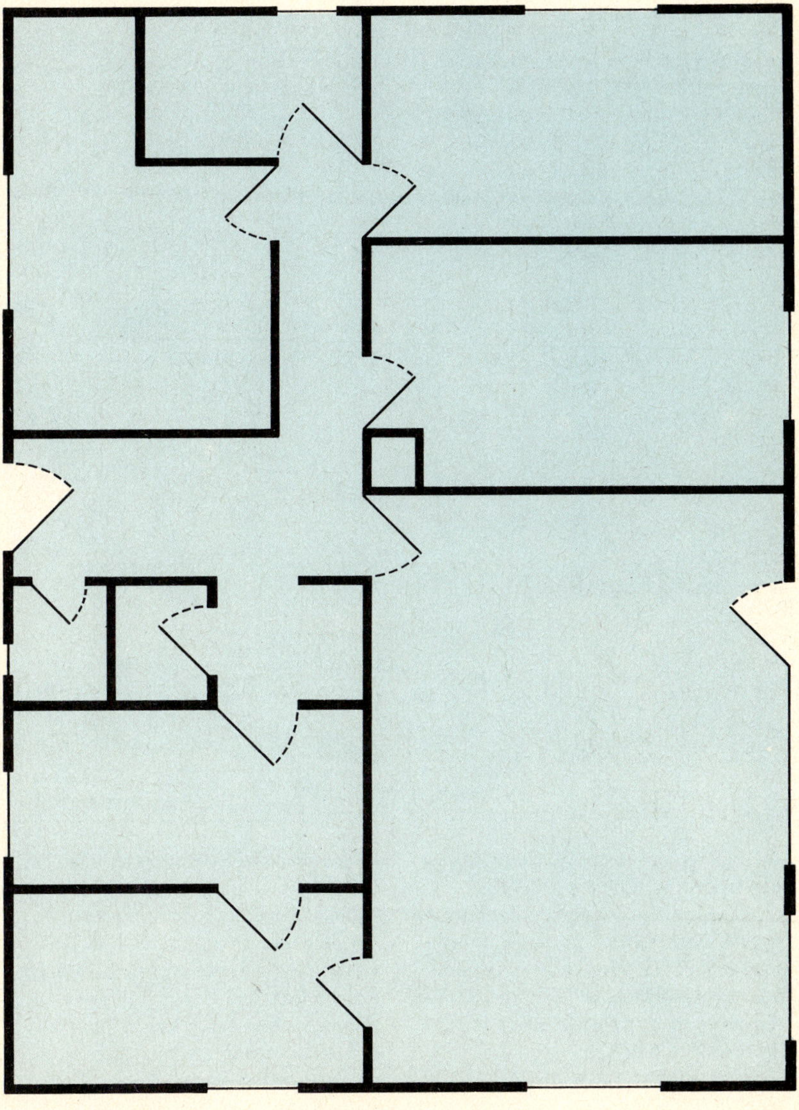

10. Codebriefe

Übersetzen oder codieren ist eine einfache Sache. Stellen Sie sich eigene Code-Regeln auf. Ersetzen Sie die Aussagen eines Briefes durch kleine Zeichnungen (die übrigens nicht schön sein müssen). Bestimmt haben Ihre Freunde seit langem keinen so amüsanten Brief bekommen. Und Sie haben sich lange nicht so farbig und anschaulich geäußert . . . Trainieren Sie zunächst an Erlebnisberichten. Hier finden Sie als Beispiel eine codierte Urlaubsstory.

Nach dieser Vorübung wird es etwas schwieriger. Sie sollen nämlich vier Freunde und Freundinnen mit einem Bilderbrief überraschen, der aus einer lustigen Comic-Serie besteht. Zeichnen Sie! Was sich absolut nicht zeichnen läßt, verpacken Sie in Sprechblasen mit nicht mehr als fünf Wörtern.

Wenn Sie Ihre Codierungsversuche der Öffentlichkeit vorenthalten wollen, nehmen Sie einen Krimi und gestalten Sie die packendsten Szenen – bildlich, versteht sich! Anregungen geben Ihnen Karikaturen und Comics in Tageszeitungen. Von ihnen lernen Sie, wie abstrakte Aussagen witzig und durchschaubar umgesetzt werden.

11. Nahziele

Eine Schere ist ein unkompliziertes Ding: Ihre Funktion und ihren Gebrauchswert erkennt jedes Kind. Woraus besteht eine Schere? Zwei Ringe, zwei Spitzen, Abflachung und Schneide, Gelenk usw. Versuchen wir eine außergewöhnliche Beschreibung, betrachten wir jedes Teil unter der Lupe. Wozu lassen sich die einzelnen Teile noch verwenden?

Im folgenden finden Sie das Schema einer Analyse-Tabelle. Sie zeigt eine Teilanalyse für die Schere:

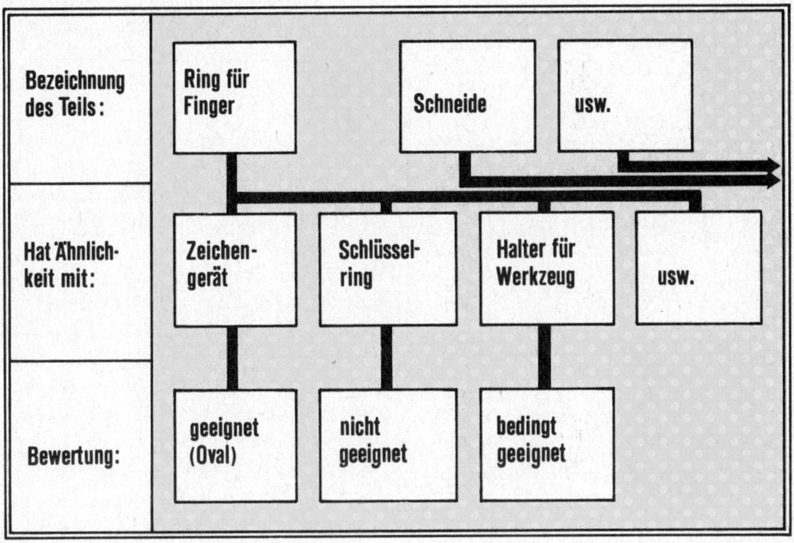

Setzen Sie diese Analyse in den drei Zeilen »Bezeichnung des Teils«, »Hat Ähnlichkeit mit . . .« und »Bewertung« möglichst weit fort. Bestimmt fällt Ihnen noch viel mehr ein. Denken Sie auch daran, daß zwei oder drei Einzelteile zusammen oft ein neues Teil ergeben, das anders als die Einzelteile verwendet werden kann.

Und so trainieren Sie weiter:
Sie haben inzwischen festgestellt, daß viele Dinge überflüssig sind, weil man sie durch etwas anderes ersetzen kann. Spielen Sie nun Robinson Crusoe und stellen Sie sich ein Set von 12 einzelnen Dingen zusammen, mit dem Sie als Do-it-yourself-man möglichst viele technische Probleme lösen können.

12. Informationsbilder

Wohin wir sehen, immer mehr Tabellen, Ziffernkolonnen und grafische Darstellungen, die uns wichtige Informationen anbieten. Bescheid wissen ist alles. Schwimmen Sie gegen den Informationsstrom. Stellen Sie die Daten, die Sie behalten wollen, so dar, daß sie ein unvergeßliches Bild in Ihnen wachrufen. Für jede Tabelle gibt es eine Vielzahl grafischer Darstellungsweisen, aber nur wenige sind optimal zum Einprägen geeignet. Experimentieren Sie! Die Tabelle oben bietet Ihnen interessante Zahlen. Wählen Sie unter den vier verschiedenen Typen grafischer Darstellungen, die auf der folgenden Seite abgebildet sind.

Machtindex, errechnet aus Bevölkerung, Stahl- und Energieproduktion, in Prozentwerten von drei Staaten.

Jahr	Staaten			Werte in %
	USA	UdSSR	China	
1930	75	17	8	100
1940	65	26	9	100
1950	64	26	10	100
1960	57	32	11	100
1970	47	33	20	100
1980	35	29	36	100
1990	23	21	56	100
2000	16	15	69	100
2010	11	11	78	100

Typ 1 bietet eine gute Möglichkeit für die Darstellung von Häufigkeiten oder Prozentwerten bei einer Variablen. In unserem Beispiel läßt sich für drei Staaten die Prozentverteilung im Jahre 1930 deutlich gegenüberstellen. Oder die Prozententwicklung für einen Staat über Jahrzehnte hinweg. Typ 2 geht eigentlich von Typ 1 aus und verbindet die Mitten der Säulenspitzen durch eine geglättete Kurve. Dabei wird die Kontinuität eines Entwicklungsprozesses leicht durchsichtig. Typ 3 stellt eine andere Form eines Diagramms dar – die Fläche im Kreis beziehungsweise die Länge des zugehörigen Kreisbogens zeigt den Prozentwert an, in unserem Beispiel zweckmäßig für die drei Staaten in einem bestimmten Jahrzehnt. Typ 4 schließlich bietet eine Kombination an. Die Prozentzahlen aller drei Länder in verschiedenen Jahrzehnten können zugleich wiedergegeben werden. Ein gewisser Nachteil dabei ist, daß die Entwicklung des Landes im Mittelband weniger gut ablesbar ist. Führen Sie die Darstellung der Tabelle in jedem Typ so weit durch, bis Sie sich in der Auswahl eines bestimmten, geeigneten Typs ganz sicher sind. Prägen Sie sich nun die wesentlichen Aussagen Ihrer grafischen Darstellung ein. Danach können Sie diese Fragen, ohne lange zu überlegen, beantworten:
In welchem Jahrzehnt ist die Macht der UdSSR am größten?
Wann überrundet China die UdSSR, wann die USA?
In welchem Jahr ist China mächtiger als USA und UdSSR zusammen?

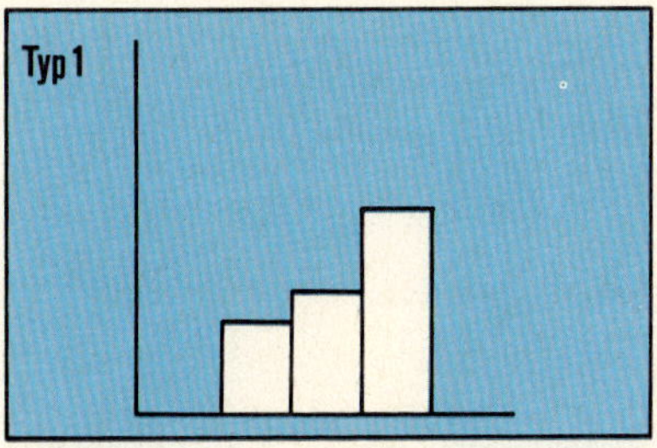

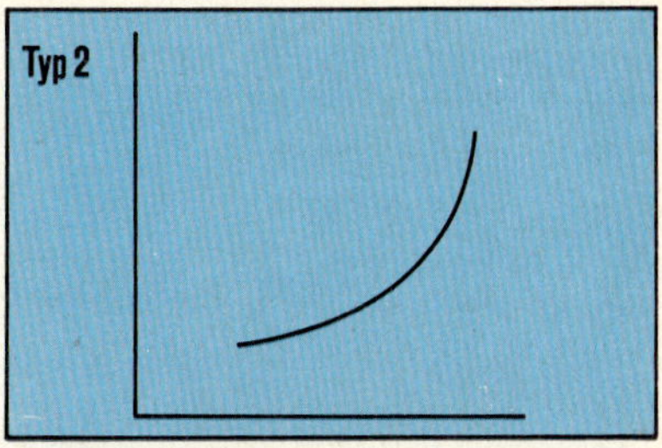

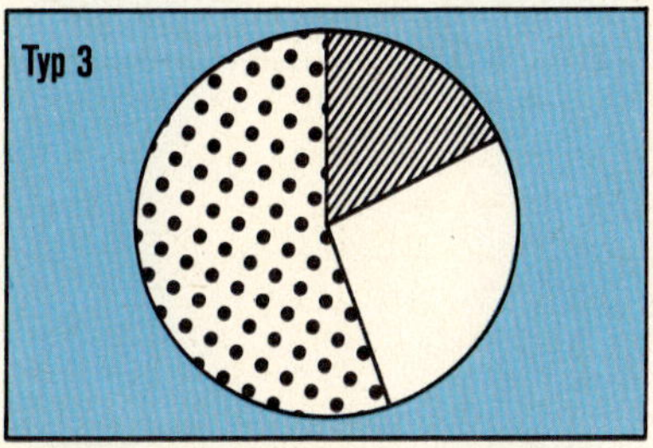

Prüfen Sie kritisch grafische Darstellungen, die Ihnen in Zeitungen, Zeitschriften und Büchern angeboten werden. Wäre eine einprägsamere Darstellungsweise möglich? Interessante Perspektiven ergeben sich für Sie, wenn Sie eigene Zahlen zugrunde legen: Ihr Einkommen in den vergangenen Jahren, Ihre Ausgaben, Aufteilung Ihrer Freizeit nach Interessen und so weiter . . .

Spiel 2:

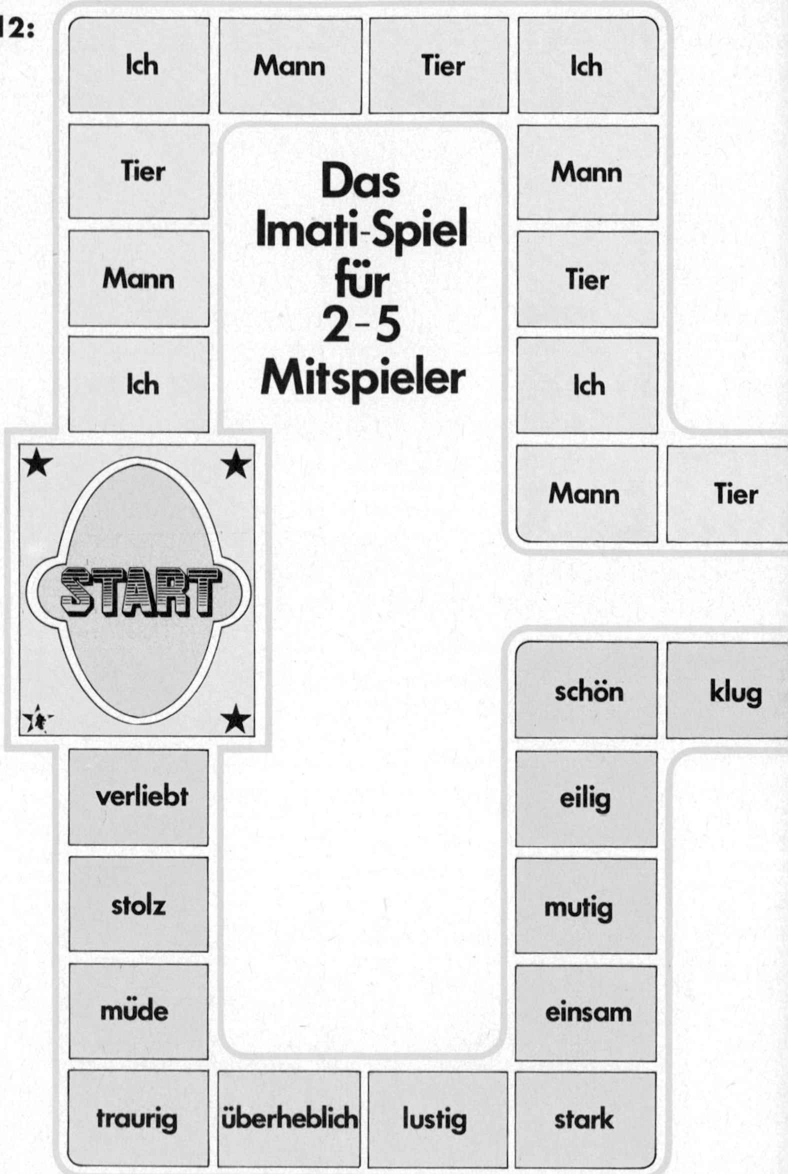
Das Imati-Spiel für 2-5 Mitspieler
Ich
Mann
Tier
Ich
Tier
Mann
Mann
Tier
Ich
Ich
Mann
Tier
START
verliebt
stolz
müde
traurig
überheblich
lustig
stark
einsam
mutig
eilig
schön
klug

Spielregel ➧

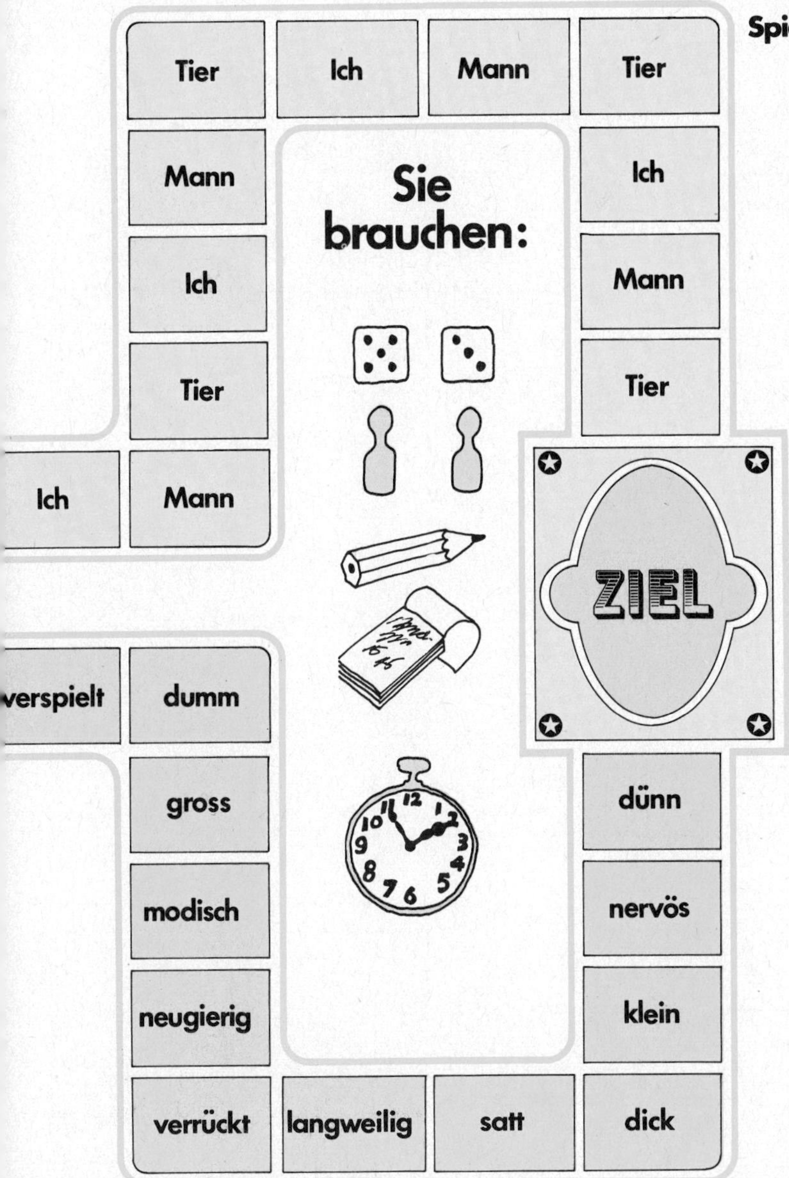
Tier
Ich
Mann
Tier
Mann
Ich
Tier
Ich
Mann
Sie brauchen:
Ich
Mann
Tier
ZIEL
verspielt
dumm
gross
modisch
neugierig
verrückt
langweilig
satt
dick
klein
nervös
dünn

So spielen Sie das Imati-Spiel:

Ein Würfelspiel für Erwachsene, das Ideen, Schnelligkeit und Witz fördert. Die Spielregeln sind einfach:

- Reihum würfelt jeder Mitspieler einmal mit zwei Würfeln.
- Auf der hellen und auf der dunklen Bahn zieht er je einen Halmakegel um die gewürfelte Felderzahl voran.
- Nach dem Ziehen hat er eine Minute Zeit: Er soll die drei Buchstaben I, C, H (ICH) oder ein Strichmännchen (MANN) oder ein beliebiges Tier (TIER) in der gewürfelten Eigenschaft (dunkle Bahn) zeichnen. (Wer es in der Zeit schafft, kann auch mehrere Zeichnungen anfertigen.) Einige Beispiele finden Sie hier rechts:
  Abbildung 1: ICH – verrückt
  Abbildung 2: MANN – verliebt
  Abbildung 3: TIER – modisch
  Abbildung 4: ICH – überheblich
- Das Spiel gewinnt, wer am Ende die meisten und die besten Zeichnungen vorweisen kann – die Mitspieler entscheiden gemeinsam darüber.

Drittes Trainingsfeld

Trainieren Sie so frei wie möglich. Lassen Sie sich anleiten von Ihren Neigungen. Wählen Sie Aufgaben, die Ihnen gut liegen, zuerst. Stellen Sie Ihre Erfahrungen dabei auf die Probe. Sie werden überrascht sein, wie bald Sie schon nach neuen Ausschau halten.

Lassen Sie sich nicht unterkriegen. Fangen Sie immer wieder neu an.

Ihr Großvater hatte sicherlich recht (vor hundert Jahren!).

Jeder Mensch ist kreativ. Er muß es nur merken.

Organisieren Sie die Zukunft. Die Gegenwart ist schon vergeben.

Sehen Sie, was ist. Dann sehen Sie, was werden kann.

Ersetzen Sie Fehlendes durch Intuition.

13. Zweitausendzwei

Wie wäre es mit einem Hobbyberuf für Sie? Üben Sie sich als kreativer Planer. Wir schreiben das Jahr 2002. Der Städtebau hat Formen angenommen, die Anno 1971 als Utopie belächelt worden sind. Übernehmen Sie diese Bauaufträge. Planen Sie zu jedem die nötigen technischen und organisatorischen Einzelheiten. Die finden Sie unten.

- Stadt unter der Erdoberfläche
- Transportable Wohnsiedlung
- Fließband für Einzel- und Hochhäuser
- Neues Eisenbahnsystem
- Produktionszentrum auf dem Mond
- Gebäudekomplex für 50000 Menschen
- Schwimmende Stadt im Meer
- Super-Verkehrsknotenpunkt

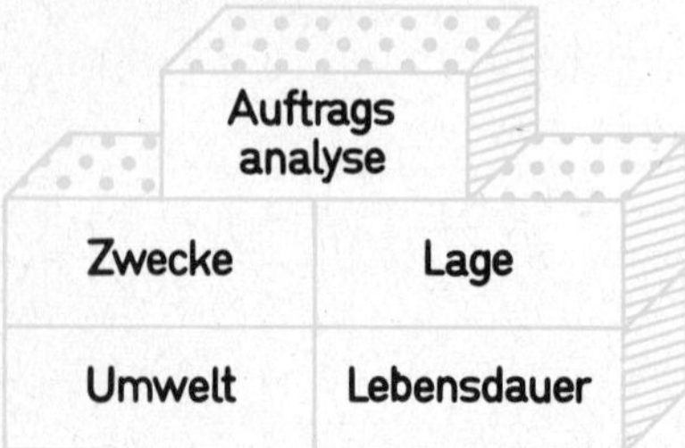

Das brauchen Sie: Informationen, kreative Phantasie und die Fähigkeit, beides aktiv zu verarbeiten und in produktives Handeln umzusetzen. Dann brauchen Sie nicht vom Nachbarn abzuschreiben. Der ist nämlich noch gar nicht so weit. Kehren Sie zurück aus der Zukunft. Planen Sie hier und heute kreativ mit:

- U-Bahn-Bau in Ihrer Stadt
- Einkaufszentrum in Ihrer Nähe
- Zentrum für eine Gemeinschaftsschule
- Zentrum für viele Sportarten
- Bürostadt für Verwaltungsbauten
- Urlaubssiedlung auf einer Insel
- Anlage für chemische Produktion
- Zentrum für Zukunftsforschung

14. Erfinderlos

Diese 144 Felder ermöglichen Ihnen einige hunderttausend Erfindungen. Kreuzen Sie drei beliebige Felder irgendeiner Zeile an. Entscheiden Sie sich zwischen den beiden angebotenen Möglichkeiten je Eigenschaft, zum Beispiel für ›lang‹ bei Eigenschaft ›lang – kurz‹. Damit legen Sie drei Eigenschaften (Spalten) eines bestimmten Gegenstandes (Zeile) fest. Wählen Sie dann ein, zwei oder drei dieser Materialien: Holz – Leder – Papier oder Pappe – Metall – Plastik. Entwickeln Sie den so beschriebenen Gegenstand in Ihrer Phantasie. Skizzieren Sie ein Modell. Beschreiben Sie die Herstellungsweise. So präzis, daß Ihre Freunde den erfundenen Gegenstand vor sich sehen.

Eigenschaft ▶ Gegenstand ▼	lang kurz	zerlegbar nicht zerlegbar	durchsichtig nicht durchsichtig	einfarbig mehrfarbig	breit schmal	oval quadratisch	leicht schwer	symmetrisch nicht symmetrisch	hoch niedrig	drehbar fest	mehrere Zwecke ein Zweck	einfach kompliziert
Stuhl												
Hocker												
Truhe												
Tisch												
Servierwagen												
Regal												
Leiter												
Bank												
Bett												
Sessel												
Schrank												
Couch												

Das ist nur ein Muster zur Anregung Ihrer eigenen Gestaltungen. Verändern Sie ganz beliebig Materialien, Eigenschaften oder Gegenstände. Sie werden bei dieser Beschäftigung etwas Interessantes entdecken: Jede Entscheidung, jede Auswahl, die man trifft, läßt eine Vielzahl anderer unkonventioneller Möglichkeiten immer noch ungenutzt.

15. Zahlenspiele

Einfallsreiches und zugleich konsequentes Kombinieren sollten Sie auf alle Fälle mit einfachen Zahlen üben. Gerade dann, wenn Sie kein Rechenkünstler sind. Zahlen sind eben leichter zu überprüfen als Gedanken oder anderes Spielmaterial. Und außerdem sollten Sie in unendlich vielen unterschiedlichen Bereichen trainieren.

Finden Sie selbst den Weg zu den Antworten auf diese Fragen:

Frage: Welche Zahl ist durch alle Zahlen von 1 bis 10 teilbar?
Antwort: 2520 ist durch alle Zahlen von 1 bis 10 teilbar.

Frage: Multiplizieren Sie die ersten sieben Primzahlen (1, 2, 3, 5, 7, 11, 13) miteinander. Durch wie viele Zahlen ist das Ergebnis glatt teilbar?
Antwort: Das Ergebnis ist durch 64 Zahlen glatt teilbar.

Frage: Durch wie viele ganze Zahlen ist die Zahl 462 glatt teilbar?
Antwort: Die Zahl 462 ist durch 16 ganze Zahlen glatt teilbar.

Frage: Wie viele verschiedene Möglichkeiten gibt es, durch Addition von zwei oder mehr positiven Zahlen ›12‹ zu erhalten?
Antwort: Es gibt 73 Möglichkeiten.

Die Zahlenspiele dürfen natürlich nicht so schwierig sein, daß Sie nicht ohne mathematische Spezialkenntnisse auskommen. Erfinden Sie selbst ähnliche, wenn Sie gerade Lust zum Training haben.

16. Grundwert

Gehen Sie den Dingen auf den Grund. Nebensachen lenken Sie nur ab. Gewöhnen Sie sich daran, Wesentliches pfeilgrad anzugehen. Aber das ist oft leichter gesagt als getan. Wie hier zum Beispiel. Wissen Sie bei jedem dieser Begriffe Wesentliches von Unwesentlichem, das Wichtige von weniger Wichtigem zu unterscheiden? Was sind die drei wesentlichen und die drei unwichtigsten Bestandteile und ihre Funktionen – was ist Beiwerk in den folgenden Beispielen?

Urlaubsreise	Betriebsorganisation	Kaffeemühle
Grundschule	Berufsausbildung	Ehe
Nähmaschine	Sportwettkampf	Mietvertrag
Kaufvertrag	Landtagswahl	Erziehung
Pumpe	Wertpapierbörse	Glühbirne
Sprache	Bewerbungsschreiben	Wertbegriff
Mikroskop	Anstellungsvertrag	Uhrwerk
Familie	Fotoapparat	Fahrrad

Ein kleiner Tip: Bearbeiten Sie drei bis fünf Beispiele hintereinander. Vertiefen Sie sich jedoch nicht zu sehr in Einzelheiten. Gehen Sie nicht schematisch vor. Fassen Sie jedes Beispiel wieder von einer anderen Seite an. Was ist eigentlich eine Wertpapierbörse? Was ist wichtig an einer Kaffeemühle? So lernen Sie zu analysieren.

17. Freundschaftskreise

Zur nächsten Party können Sie Ihre Freunde mit Hilfe der Mengenlehre einladen. Spielen Sie diesen Gedanken einmal durch. Sie werden sehen, daß dabei Kombinationen entstehen, mit denen Sie ganz neue Bekanntschaften stiften. Und Sie entwickeln zugleich einen ganz neuen Blick für die Beziehungen zu Ihren Freunden.

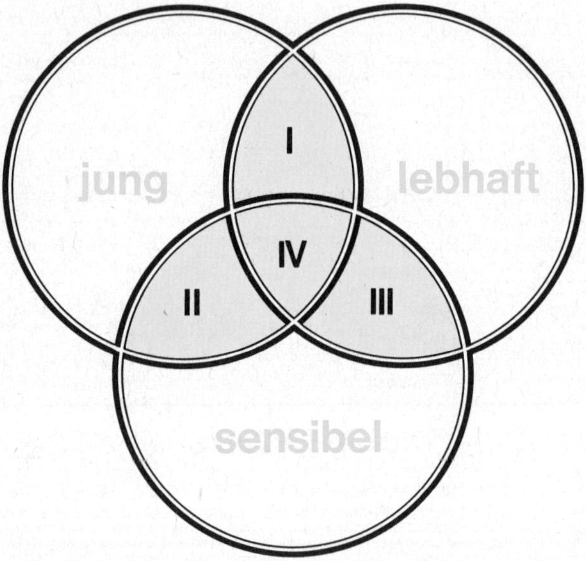

Unterscheiden Sie Ihre Freunde nach Alter: jünger – älter; Temperament: lebhaft – ruhig; Gefühl: nüchtern – sensibel. Tragen Sie in jeden Kreis eine Eigenschaft Ihrer Freunde ein. Ein Beispiel finden Sie abgebildet. Die Überschneidungsfelder bieten vier Parties:

I junge und lebhafte Freunde, die nüchtern sind;

II junge und sensible Freunde, die ruhig sind;

III lebhafte und sensible Freunde, die älter sind;

IV junge, lebhafte und sensible Freunde.

Ändern Sie die Eigenschaften, nach denen Sie Ihre Freunde unterscheiden, oder wählen Sie deren Wünsche, Erfahrungen, Interessen. Immer tragen Sie je ein Merkmal in einen der freien Kreise auf dieser Seite ein. Dann bilden Sie wieder Parties – so wie in dem Beispiel auf der vorigen Seite.

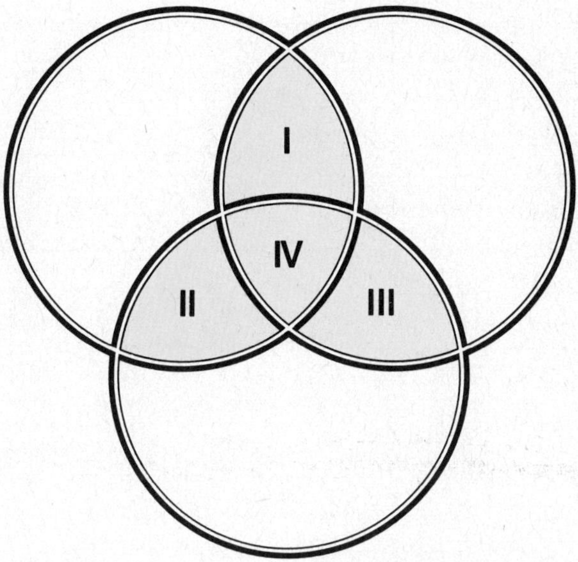

Auf diese Weise allein lassen sich natürlich keine Parties arrangieren. Üben Sie, Klassifikationsgesichtspunkte für verschiedenste Gruppen von Menschen oder Dingen aufzustellen. Gruppieren Sie Gegenstände, Gedanken, Ziele (und was Ihnen noch einfällt) nach Eigenschaften. Kombinieren Sie die Eigenschaften verschiedenartig untereinander.

18. Gemeinsamkeiten

Suchen Sie nach dem, was die Dinge dieser Welt verbindet. Zu diesem Zweck müssen Sie die Dinge genau analysieren, definieren und dabei das Verbindende, das den Dingen Gemeinsame herausfinden. Wählen Sie aus unserer Tafel erst zwei beliebige Dinge aus, dann drei, vier und schließlich noch mehr. Notieren Sie je eine einzige Definition.

Dann versuchen Sie das gleiche mit den Zeichen. Wählen Sie erst zwei, dann drei, vier oder mehr, und suchen Sie das ihnen Gemeinsame. Welche Beschreibung oder Definition trifft für die gewählten Zeichen gemeinsam zu?

Pfennig	**Start**	**Mann**	**Hund**
Buch	**Klasse**	**Lampe**	**Kegel**
Beruf	**Projekt**	**Dreieck**	**Stoff**
Zeichen	**Stimme**	**Analyse**	**Haus**
Marke	**Mode**	**Garten**	**Eimer**
Tag	**Wirt**	**Preis**	**Ei**
Frage	**Hand**	**Stadt**	**Bank**

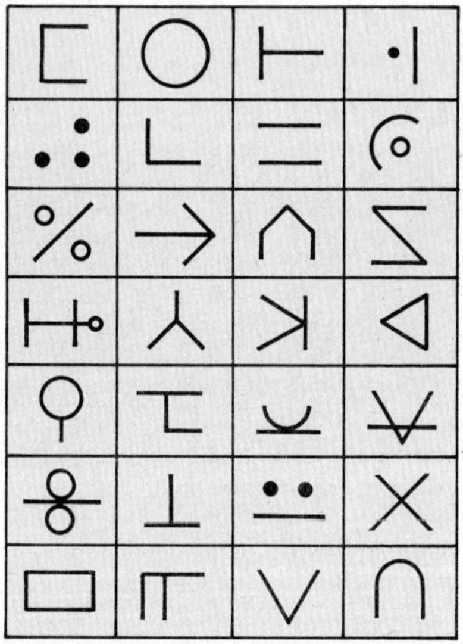

Zwei Beispiele:
›Dreieck‹ und ›Zeichen‹ sind zwei Bezeichnungen für grafische Gebilde. ›Beruf‹, ›Lampe‹ und ›Kegel‹ sind drei Hauptworte mit fünf Buchstaben.

Und nun zum dritten Schritt: Wählen Sie je ein, zwei, drei oder mehr Wörter und Zeichen. Versuchen Sie, eine gemeinsame Beschreibung zu bilden. Das übt Ihren Blick für die Dinge. Und je genauer Sie etwas kennen, um so freizügiger können Sie damit umgehen. Suchen Sie ähnlich auch Gemeinsamkeiten in Problemen und Menschen.

Viertes Trainingsfeld

Spiele sind für alle da. Trainieren Sie deshalb gemeinsam mit Freunden. Die Spiele in diesem Buch wollen Ihnen den Start dazu geben. Wie wär's deshalb mit einer Trainingsparty? Es wird sicher nicht Ihre letzte sein.

Stellen Sie sich einmal auf den Kopf. Sehen Sie nicht alles neu?

Kreisen Sie Ihre Ziele ein, nur so treffen Sie ins Schwarze.

Jede Idee ist so gut, wie sie ausgeführt wird.

Kreativität ist auch, eine Idee aufgeben, wenn sie unhaltbar ist.

Verwechseln Sie nicht Ehrgeiz mit Kreativität.

Absurde Ideen sind immer besser als gar keine.

19. Charakterspektrum

Warum lieben Sie Ihren Partner? Sind es seine Augen, seine ansprechende Art, sich zu geben oder die verschiedenen Eigenschaften zusammen? Denken Sie einmal darüber nach. Wollen Sie alte Freundschaften auffrischen oder neue anknüpfen? Als kreativer Zeitgenosse, der alle seine Beziehungen von Zeit zu Zeit durchdenkt, stufen Sie Ihre Bekannten nach den Gesichtspunkten der folgenden check-list ein. Ist die Eigenschaft nur in geringem Umfang vorhanden, malen Sie einen Kreis um die 1, ist sie ein hervorstechendes Merkmal, markieren Sie die 7. Die durchschnittliche Ausprägung einer Eigenschaft kennzeichnen Sie durch die 4, die Ziffern 2, 3, 5 und 6 dienen für die feineren Abstufungen.

attraktiv	1	2	3	4	5	6	7
gepflegt	1	2	3	4	5	6	7
einfallsreich	1	2	3	4	5	6	7
intelligent	1	2	3	4	5	6	7
geschickt	1	2	3	4	5	6	7
sportlich	1	2	3	4	5	6	7
jugendlich	1	2	3	4	5	6	7
optimistisch	1	2	3	4	5	6	7
dynamisch	1	2	3	4	5	6	7
selbstsicher	1	2	3	4	5	6	7
anpassungsfähig	1	2	3	4	5	6	7
tolerant	1	2	3	4	5	6	7
kameradschaftlich	1	2	3	4	5	6	7
charmant	1	2	3	4	5	6	7
zärtlich	1	2	3	4	5	6	7
romantisch	1	2	3	4	5	6	7
vielseitig	1	2	3	4	5	6	7
aufgeschlossen	1	2	3	4	5	6	7

Vergleichen Sie die bei Ihren Bekannten angekreuzten Ziffern. Die Entscheidung über den nächsten Zeitpunkt Ihres Treffens fällt Ihnen nun leicht.

Sie verwandeln Ihre Analyse in ein spannendes Spiel, wenn Sie Ihr Ergebnis mit dem eines Freundes austauschen. Sie sehen sich dann durch die Brille eines intimen Kenners Ihrer Psyche.

Und hier eine interessante Weiterführung der Aufgabe:

- Beurteilen Sie für jede Eigenschaft die Zuverlässigkeit Ihrer Schätzung auf einer Skala von 1 bis 7.
- Kreisen Sie in einer anderen Farbe nach jeder Schätzung den Wert an, mit dem sich der charakterisierte Bekannte selbst kennzeichnen würde.

20. Kaufstrategie

Einen Lebenslauf kann man als einen Prozeß kennzeichnen, der von Minute zu Minute durch Entscheidungen beeinflußt wird. Selbst Nichtstun ist in diesem Sinn eine Entscheidung, denn es bestimmt ebenso die gegebene Situation mit. Lösen wir also das Entscheidungsknäuel durch die Beschränkung auf Wesentliches. Gehen wir dabei von einer alltäglichen Situation aus, dem Einkaufen. Welche Komponenten sind dabei wichtig? Erstens die Ziele: Was wollen wir kaufen? Zweitens die Möglichkeiten (Methoden): Wie können wir die Ziele erreichen? Drittens die Kosten: Wie teuer ist es bei den verschiedenen Möglichkeiten, die Ziele zu erreichen? Spielen Sie bei der obigen Tabelle verschiedene Kostenrechnungen durch. Sie finden im Spaltenkopf die Möglichkeiten (Läden), im Zeilenkopf die Ziele (Waren) und im Tabellenfeld die Preise der Waren in den verschiedenen Läden – bei gleicher Qualität, versteht sich.

Ziele Waren	Möglichkeiten Läden			
	A	B	C	D
Whisky	8	10	12	14
Kognak	9	11	12	14
Sekt	10	11	8	13
Wein	11	9	11	10
Pralinen	12	11	10	9
Kekse	14	12	10	8

Kaufen Sie nun unter folgenden Bedingungen möglichst billig ein: Sie wünschen alle sechs Artikel je einmal – Whisky, Sekt, Pralinen und Kekse je einmal – Kognak, Sekt, Wein und Pralinen je einmal – Whisky, Sekt, Pralinen je einmal – Whisky und Sekt je zweimal, Pralinen einmal – Sekt dreimal, Wein zweimal, Whisky einmal – Wein viermal, Whisky dreimal, Pralinen und Kekse je einmal.

Kalkulieren Sie scharf. Einen anderen Laden aufzusuchen kostet eine, zwei oder drei Mark. Entscheiden Sie unter jeder dieser drei zusätzlichen Bedingungen, wo Sie Ihre Wünsche realisieren. In einigen Läden sind Waren ausverkauft. Entwickeln Sie eine Superstrategie. Legen Sie zunächst fest, wo Sie einkaufen. Mit einem Würfel losen Sie aus, welche fünf Waren fehlen. Der erste Wurf gibt die Zeile an, der zweite die Spalte. Im Schnittpunkt wird die Ware gestrichen. Steigen Sie in dieses realistische Einkaufsmodell ein und treffen Sie kostengünstige Entscheidungen!

21. Geheimschrift

Wechseln Sie für kurze Zeit Ihren Beruf: Werden Sie Geheimagent, der wichtige Nachrichten verschlüsselt weitergeben muß. Erfinden Sie neue Zeichensysteme, die für Agenten feindlicher Geheimdienste unverständlich sind. In einer Tabelle schreiben Sie alle Buchstaben auf und setzen ein Zeichen, das Sie selbst erfinden, neben jeden einzelnen. In unserem Beispiel finden Sie für die ersten Buchstaben des Alphabets einmal ein kompliziertes (Typ 1), daneben ein sehr einfaches Zeichen (Typ 2).

Setzen Sie diese beiden Zeichentypen fort, Typ 1 in beliebiger Weise, Typ 2 nach der Regel, die durch die ersten Buchstaben angedeutet ist. Benützen Sie danach die beiden Typen zu Mitteilungen. Drücken Sie Ihrem Freund oder Ihrer Freundin den Schlüssel zur Geheimschrift in die Hand und teilen Sie mit, was andere nicht lesen sollen. Spitzel werden schäumen, wenn ihnen so ein ›Text‹ in die Hände fällt.

Anschließend finden Sie ein Sprichwort, in Typ 2 geschrieben. Beim Entschlüsseln können Sie zugleich überprüfen, ob Ihre Fortsetzung nach Typ 2 stimmt.

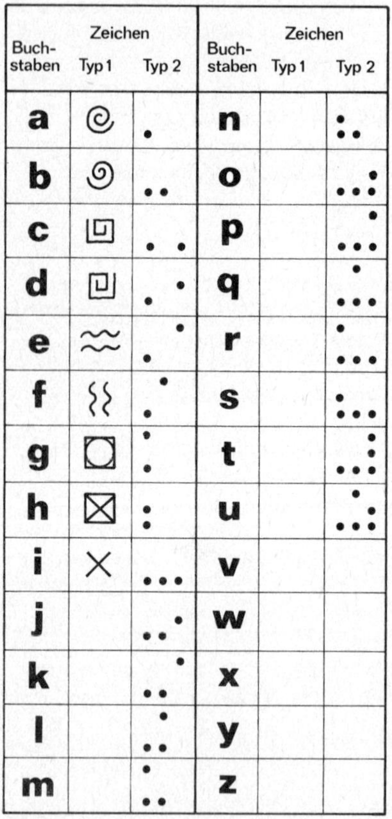

Buchstaben	Zeichen Typ 1	Zeichen Typ 2	Buchstaben	Zeichen Typ 1	Zeichen Typ 2
a			n		
b			o		
c			p		
d			q		
e			r		
f			s		
g			t		
h			u		
i			v		
j			w		
k			x		
l			y		
m			z		

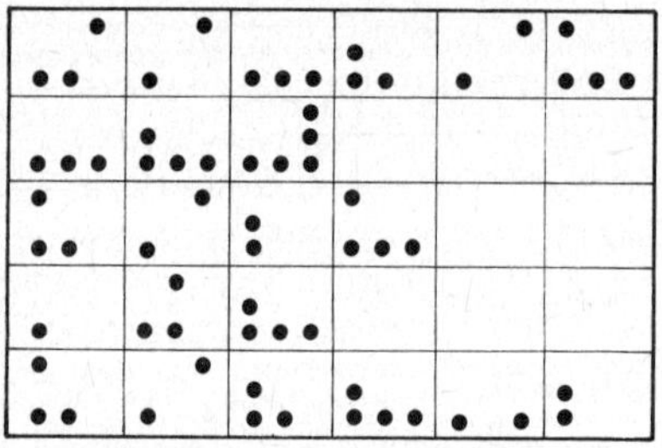

Erfinden Sie nun einige weitere Verschlüsselungssysteme. Einmal sollte Ihr Ziel dabei sein, möglichst einfache Zeichen als Basismaterial zu gebrauchen, dann wieder, daß der codierte Text zugleich ein lustiges und abwechslungsreiches Band von Formen und Figuren ergibt.

Mit einigen Tricks können Sie das Entziffern der Geheimschrift zu einem Geduldspiel eines Tüftlers machen. Lassen Sie alle Abstände zwischen verschiedenen Wörtern entfallen und verzichten Sie auf Satzzeichen. Trotzdem wird ein geübter Geheimdienstler den Text dechiffrieren. Er geht dabei von der unterschiedlichen Häufigkeit der Buchstaben aus. Denken Sie sich deshalb etwas aus, was den Gegner verwirrt. Benützen Sie für häufige Buchstaben zwei oder mehrere verschiedene Zeichen zugleich und drücken Sie je zwei seltene Buchstaben durch ein Zeichen aus. Und so trainieren Sie weiter: Denken Sie sich zehn möglichst unterschiedliche Chiffrierschlüssel aus, die dem Geheimdienst zu denken geben.

Eine andere, häufig verwendete Methode des Verschlüsselns besteht darin, für jeden Buchstaben des Alphabets einen anderen nach einer bestimmten Regel zu setzen, z. B. b statt a, c statt b, d statt c usw. So geschrieben heißt die Überschrift dieser Aufgabenreihe ›Hfifjntkisjgn‹. Hm – schluckt der Laie, und der Feinschmecker freut sich. Nun können Sie darangehen, einen Supercode auszuarbeiten. Gehen Sie von den folgenden Prinzipien aus und geben Sie Ihrem entziffernden Bekannten nach und nach mehr Tips:

- Wechseln Sie den Code nach einem bestimmten Zyklus von Wort zu Wort.
- Ersetzen Sie einen Buchstaben nicht nur durch den folgenden, sondern z. B. den 10., 12. oder irgendeinen anderen.
- Schreiben Sie Wörter auch rückwärts.
- Beginnen Sie ein Wort nicht immer mit seinem ersten Buchstaben, sondern z. B. mit dem dritten und lassen Sie dann erst den ersten und zweiten folgen.
- Schreiben Sie jeweils den zweiten Satz von rückwärts.
- Wählen Sie für besonders aufschlußreiche Wörter ein englisches Wort.

22. Zahlenspekulation

Auf Zahlen allein kann man keine Philosophie aufbauen, aber trotzdem gehören sie mit zu den sichersten Grundlagen für weitreichende Interpretationen und Spekulationen. Voraussetzung dafür ist allerdings, daß Sie einige Vorurteile aus der Schulzeit ablegen. Nichts ist leichter, als auf dem Klavier der Zahlen zu spielen. Hier finden Sie einen guten Startplatz vor. Vertiefen Sie sich in die folgende Tabelle und vergleichen Sie die verschiedenen Zahlen miteinander.
Und so interpretieren Sie die Zahlenmatrix. Stellen Sie diese Fragen und suchen Sie die richtige Antwort darauf: Wie weit sind die Zahlen gesichert? Wo beginnt die Spekulation?
In welcher Zeile oder Spalte finden sich

Bevölkerungsentwicklung (Angaben in 1000 Einwohner)
ab 1970 Vorausschätzung (nach statistischem Jahrbuch 1970)

	1950	1955	1960	1965	1970	1975	1980
China	546815		654181	700000	735000	794800	857700
Indien	358293		429016	486611	543200	611000	
UdSSR	180000		214000	231000	245700	260800	277800
USA	152271		180684	194592	207326	223785	
Japan	82900		93210	97960	101465	106174	111064
Indonesien	76000		93506	104900	118250	133500	152750
Großbrit.	50616		52372	554436	59989	57653	
BRD	49989		55433	59012	60915	62678	
Welt	2517000		3003000	3285000	3591800	3944100	

die größten Zahlen und was bedeuten sie? Gibt die Tabelle nur einen Ausschnitt aus einer größeren Tabelle? Welchen Ausschnitt? Welche Zahlen fehlen im Feld? Schätzen Sie diese Zahlen aufgrund des Trends, den Sie aus den anderen ablesen.
Wieviel Prozent der Weltbevölkerung stellt China 1950, wieviel 1980? In welchem Land steigt die Bevölkerungsrate am schnellsten an?
Beantworten Sie diese Fragen. Danach sollten Sie noch wesentlich mehr Fragen haben; kreative Fragen zu anderen Tabellen und Zahlenkolonnen, die Ihnen begegnen. Der Typ der Fragestellung wird sich dabei vielfach wiederholen. Deshalb dieses Training.

23. Konsequenzenanalyse

Spielen Sie mit den Ereignissen der Zukunft wie ein Jongleur mit seinen Bällen. Der erste Schritt Ihrer Analyse besteht darin, einen Ausschnitt Ihrer Zukunft auszuwählen. Geht es Ihnen darum, Berufsaussichten genauer abzuschätzen, oder Ihre Wohnungspläne? Beschreiben Sie mit Stichworten die Ausgangssituation. Welche Ereignisse können diese Ausgangsposition im nächsten Zeitraum verändern? Was hängt von Ihnen ab und was von äußeren Umständen? Notieren Sie in Stichworten die Konsequenzen. Wiederholen Sie nun dieses Spiel für den nächsten Zeitabschnitt. Als Anhaltspunkt zeigt das folgende Schaubild die Zukunftsperspektiven des Mister X für sein Freundschaftsglück.

<table>
<tr><th>Ausgangs-
position</th><th>Ereignisse
im 1. Jahr</th><th>Konsequenzen</th><th>Ereignisse
im 2. Jahr</th><th>Konsequenzen</th></tr>
<tr><td rowspan="9">Mister X
hat eine
Freundin</td><td rowspan="3">Freundin
will heiraten</td><td rowspan="3">andere Freun-
din suchen</td><td>keine gefunden</td><td>weitersuchen</td></tr>
<tr><td></td><td></td></tr>
<tr><td></td><td></td></tr>
<tr><td rowspan="3">Freundin
heiratet
Bekannten</td><td rowspan="3">andere Freun-
din suchen</td><td></td><td></td></tr>
<tr><td></td><td></td></tr>
<tr><td></td><td></td></tr>
<tr><td rowspan="3">Freundschaft
unverändert</td><td rowspan="3">Freundschaft
intensivieren</td><td></td><td></td></tr>
<tr><td></td><td></td></tr>
<tr><td></td><td></td></tr>
</table>

Dieses Modell für eine Konsequenzenanalyse können Sie in drei Dimensionen Ihren Wünschen anpassen. Wählen Sie die Zeitabschnitte so aus, wie Sie der analysierten Situation entsprechen; vergrößern Sie die Anzahl der möglichen Ereignisse nach Bedarf und führen Sie die Untersuchung für so viele Zeitabschnitte durch, als es Ihnen möglich ist.

Ergänzen Sie die folgende Liste von Ausgangssituationen und benützen Sie das Analysemodell bei fünf ausgewählten Situationen:

Lebensplanung – Zusatzausbildung – Berufswechsel – Clubmitgliedschaft – Kauf eines Hauses – Urlaubsplanung – Heirat – Versicherungsabschluß – Wohnungswechsel – Wohnungsmöblierung.

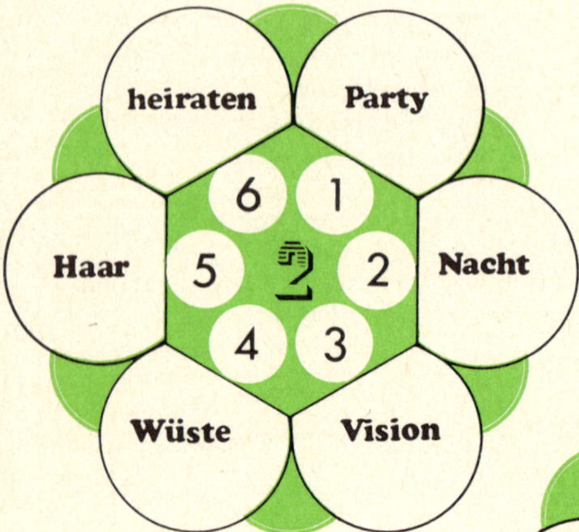
heiraten
Party
Haar
Nacht
Wüste
Vision
6 1 5 2 4 3
2

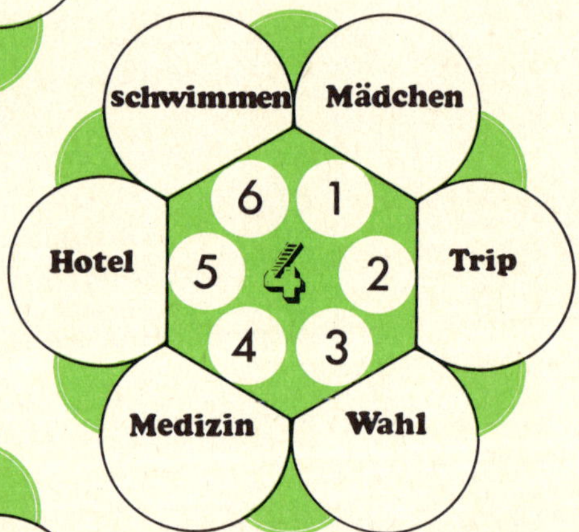
schwimmen
Mädchen
Hotel
Trip
Medizin
Wahl
6 1 5 2 4 3
4

trainieren
Chef
Star
Steak
Leistung
Sprung brett
6 1 5 2 4 3
3

Spiel 3: Story-Spiel

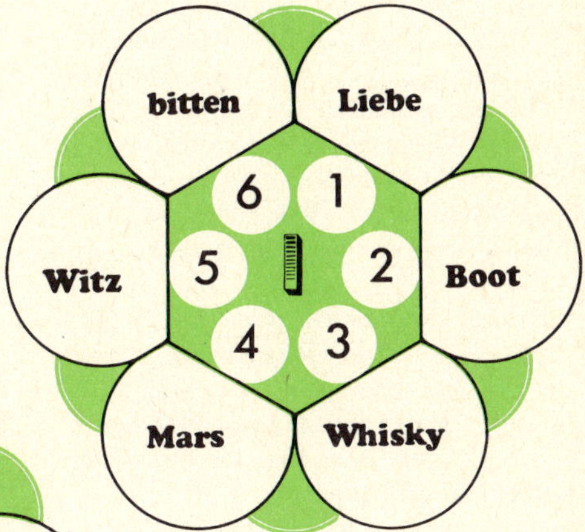

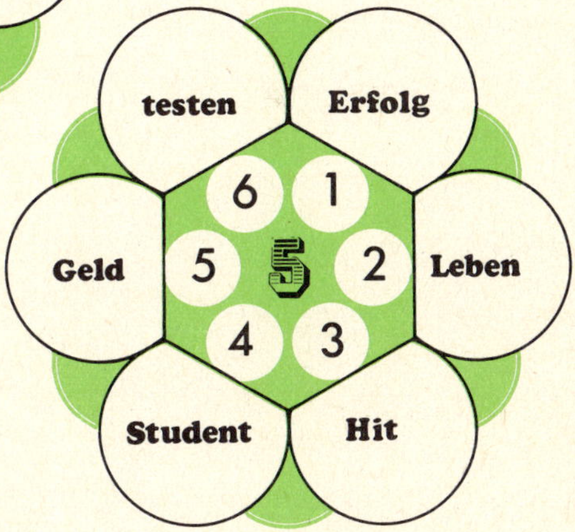

So spielen Sie das Story-Spiel:

Sie brauchen zwei Würfel, vier Halmakegel und Phantasie. Sie sollen mit Hilfe der Reizwörter im Spielplan eine kleine Geschichte aus zwei bis fünf Sätzen erzählen.
Das geht so: Sie würfeln mit jedem der beiden Würfel viermal – der erste Wurf gibt jeweils die Rosette an, der zweite ein Blatt dazu. So setzen Sie nacheinander vier Kegel, für jedes Reizwort einen.
Das Spiel wird noch interessanter, wenn sich die Mitspieler vorher einigen, wie die Geschichte aussehen soll: Ein Mini-Krimi, eine Reportage oder eine Folge von Dialogen? Man kann die Reizwörter natürlich auch durch eigene ersetzen.
So werden die Einfälle bewertet: Eine sehr gute Idee bekommt sieben, eine schlechte nur einen Punkt. Nach sechs Spielen wird die durchschnittliche Punktzahl errechnet. Wie weit liegen Sie selbst über oder unter dem Durchschnitt?

Fünftes Trainingsfeld

Setzen Sie Ihr Training im Alltag fort. Unterwegs oder wenn Sie mal Pause machen. Gedanken sind frei und kreative Spiele erst recht. Lassen Sie sich öfter mal eins einfallen, auch wenn Sie dieses Buch zu Hause gelassen haben.

Lieben Sie die Abwechslung. Unbeweglich sind nur Langweiler.

Sie haben keine Probleme? Dann suchen Sie sich welche!

Wagen Sie es, Denkmäler von ihrem Sockel zu stürzen.

Trennen Sie Wichtiges von Unwichtigem. Aber vergessen Sie das Unwichtige nicht.

Stehlen Sie anderen keine Ideen. Aber verwenden Sie sie konstruktiv.

Ein kreativer Gedanke löst viele andere aus.

24. Verbesserungen

Brechen Sie täglich mit wenigstens einer lieben Gewohnheit. Zunächst einmal mit der, irgend etwas für unveränderlich zu halten. Prüfen Sie kritisch Ihre täglichen Wege und Beschäftigungen und alles, was Sie dazu brauchen. Prüfen Sie die Dinge, die Sie umgeben. Überlegen Sie sich gründlich, was zu verbessern ist, und schreiben Sie es gleich auf.

Hier geht es um Ihre Wohnungseinrichtung

Schreiben Sie mindestens je fünf Verbesserungen:

Badezimmer – Einrichtung und einzelne Dinge
Hausapotheke – Inhalt und Zustand
Hauswerkstatt – Bestandteile und Zweckmäßigkeit
Bücherecke – Bücher und Ihre Interessen
Bekleidung – Umfang, Zweck und Aufbewahrung
Spiele – Anzahl, Art, Größe, Zustand, Funktion.

Die Gesichtspunkte, nach denen Sie etwas verbessern, wechseln je nach Anlaß. Mal geht es nach Bequemlichkeit, mal nach Zweckmäßigkeit, mal nach Schönheit. Denken Sie auch über Ihre nächste Umgebung hinaus – zum Beispiel an die Post, die Eisenbahn, den Straßenverkehr und andere Einrichtungen in Ihrem Wohnort.

Gehen Sie etwa davon aus, daß Sie siebenmal eine zwölfstellige Telefonnummer wählen, bevor der Anschluß klappt. Sie haben nur eine Hand frei, das Telefon rutscht davon, Sie verwählen sich, Ihr Wählfinger beginnt zu schmerzen, die anderen Finger sind zu ungeschickt zum Drehen usw. Wie sollte also ein Telefon nach Ihrer Ansicht verbessert werden?

Hier geht es um Ihr Verhalten (Gewohnheiten)

Finden Sie bedeutend mehr als je fünf Verbesserungen:

Tagesablauf – Einteilung, bestimmte Zeitpunkte, Verhältnisse
Informationen – Umfang, Quellen, Aufbereitung, Speicherung
Freunde – Anzahl, Anlässe, Begegnungen, Kontakte
Fortbildung – Gebiete, Art und Weise, Ziele, Verwendung
Erholung – Orte und Mittel, Häufigkeit, Partner, Befriedigung.

Wie gesagt: täglich eine mit allen ihren Konsequenzen wohlüberlegte Veränderung – das ist doch eine nützliche Beschäftigung, oder?

25. Comics

Hier geht es noch einmal um Comics – um Bildergeschichten, die Sie selbst erfinden sollen. Wenn Sie absolut nicht zeichnen können, erzählen Sie. Aber so spannend, daß Sie andere mit Ihrer Geschichte fesseln.

Sie brauchen einen Darsteller; einen oder gleich ein ganzes Team. Sie hauchen ihm Leben ein, geben ihm einen Namen, Eigenschaften und Wünsche. Dann stellen Sie ihn vor. Lassen Sie ihn Dinge tun, die allmählich einem dramatischen Höhepunkt zustreben.

Dann passiert etwas. Möglichst etwas Unvorhergesehenes. Bewährt sich der Held? Wird er als Sieger dastehen oder unterliegen? Alles das liegt in Ihrer Phantasie. Denn nun beginnt erst die Arbeit.

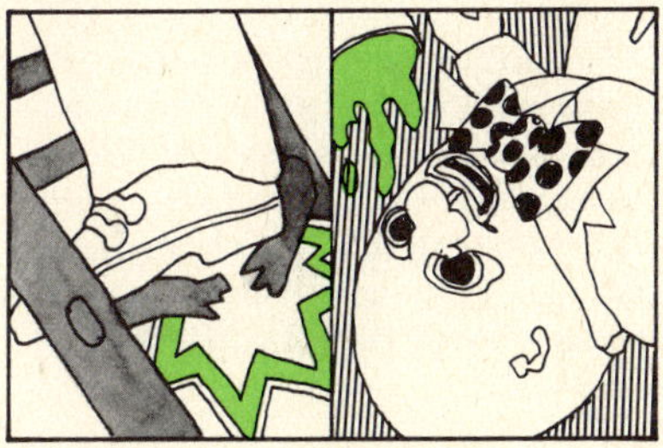

Trennen Sie sich von unserem Helden und seinem Farbtopf. Sie sollen ja, wie gesagt, Darsteller und Handlung selbst bestimmen. Vergessen Sie alle Comic-Helden, die Ihnen je begegnet sind. Spielen Sie mit Ihren Einfällen.

26. Feuerwerk

Veranstalten Sie ein Feuerwerk mit Ihren Einfällen. Sie brauchen gar keine Vorbereitungen dafür. Nutzen Sie deshalb die nächste Wartezeit beim Friseur oder beim Zahnarzt, um ein paar Aufgaben dieser Art zu lösen:

1. Hier folgt eine lange Reihe bunt durcheinandergewürfelter Wörter. Antworten Sie beim Lesen (oder beim Vorlesen) so schnell wie möglich
   - auf jedes Hauptwort mit einem anderen, aber sehr ungewöhnlichen Hauptwort;
   - auf jedes Tätigkeitswort mit einem ganz gewöhnlichen Hauptwort;
   - auf jedes Eigenschaftswort mit je einem üblichen und einem unüblichen Hauptwort.

Stern – Fell – groß – planen – frei – singen – hell – Stab – weit – Bad – Ziel – fragen – laut – lieben – denken – stark – früh – Sturm – Berg – springen – zielen – rund – Zeit – stoßen – sprechen – Stand – schnell – Reife – lang – steigen – Wende – hoch – voll – lachen – Liebe – winden

2. Wählen Sie in diesem Buch 24 beliebige Aufgabenreihen aus. Schreiben Sie die Nummern untereinander auf ein Blatt Papier. Erfinden Sie zu jeder drei neue Titel.

3. Schreiben Sie 12 Gebäude, 12 Bus- oder Bahnverbindungen, 12 regelmäßig wiederkehrende Ereignisse in Ihrem Wohnort untereinander auf ein Blatt Papier. Erfinden Sie 36 Namen. Für jede Zeile einen.

4. Schreiben Sie 12 Gebrauchsgegenstände Ihres täglichen Bedarfs untereinander auf ein Blatt Papier. Erfinden Sie für jeden drei neue, ganz ungewöhnliche Bezeichnungen.

5. Nehmen Sie einen Bleistift und ein Blatt Papier zur Hand. Lesen Sie die folgenden Wörter möglichst rasch hintereinander – oder besser: Lassen Sie sich diese Wörter vorlesen. Schreiben Sie zu jedem drei neue, ganz beliebige auf, die Ihnen gerade einfallen.

Zukunft – aber – für – eine – Wunder – weich – Würfel – Zahl – gern – alle – Tal – laut – besser – Heft – farbig – naß – spät – grün – neu – Text – lesen – Hase – richtig – Schwarm – sehen – kosten – gegen – Aktion – zwölf – also – Garten – mild – weil – man – oder – an – viel – rund – heute – machen – noch – Spiegel – Pferd – werfen – innen – laufen – kaum – neben – dann – Wand

6. Bauen Sie Wortbrücken von jedem Wort der linken zu dem benachbarten in der rechten Spalte: Schreiben Sie wenigstens drei, höchstens fünf Wörter auf, die schrittweise eine Gedankenverbindung zwischen beiden herstellen. Zum Beispiel: **schwach** – eintönig – uni – ansehnlich – farbig – **bunt**.

hier	–	weit	allein	–	fertig
neben	–	vorn	still	–	leicht
halten	–	schweben	sitzen	–	starten
nötig	–	breit	heben	–	zielen
ziehen	–	führen	dunkel	–	schnell
zurück	–	über	warten	–	spielen
kalt	–	frei	unter	–	eilig
zwischen	–	früh	spät	–	vorbei
leise	–	mitten	immer	–	drüben
eng	–	offen	gegen	–	größer
hart	–	reich	stehen	–	fahren
senken	–	lachen	schwer	–	voran
ruhig	–	hoch	freundlich	–	bereit
sicher	–	einig	ideal	–	planen

Mit diesen Übungen lockern Sie Ihren Wortschatz. Übrigens: Schreiben Sie möglichst viele Ihrer Einfälle auf. Dann können Sie anschließend um so besser überlegen, warum Sie wohl gerade auf diese Wörter gekommen sind. Auf diese Weise finden Sie manchen interessanten Weg zu den Quellen Ihrer Phantasie.

27. Wohnwagen

Für manche Menschen ist das Auto nur ein Fortbewegungsmittel; für andere Prestige. Wieder andere richten sich häuslich darin ein – was gar nicht so dumm ist, wenn man bedenkt, daß ein Autofahrer im Jahr 62 Arbeitstage in seinem Wagen verbringt, wenn er 20000 km mit einer Durchschnittsgeschwindigkeit von 40 km/h fährt. Dies ist die Aufgabe:

Stellen Sie eine Liste von Gebrauchsgegenständen auf, die ein Autofahrer immer bei sich haben sollte.

Stellen Sie eine Liste von Beschäftigungsmitteln auf, die ein Autofahrer zu seiner Entspannung ständig bei sich haben sollte.

Stellen Sie eine Liste von Beschäftigungen auf, mit denen ein Autofahrer seine Sicherheit erhöhen kann.

Stellen Sie eine Liste von Hilfsmitteln und Beschäftigungen zusammen, mit denen ein Autofahrer seinen Körper zu normaler Kraft und Haltung rekreieren kann.

Sie werden diese Aufgaben aus eigenen Erfahrungen und Beobachtungen und mit Hilfe einiger Autozeitschriften leicht lösen können. Dabei üben Sie sich im kreativen Anreichern monotoner Situationen. Sie lernen, sich kreativ in Ihrem Alltag einzurichten. Beginnen Sie mit dem Spiel während einer langen Autofahrt zu zweit.

28. Zeichensprache

Haben Sie schon einmal versucht, jemandem einen Weg zu zeigen, ohne Hände, Kopf und Füße zu Hilfe zu nehmen? Haben Sie einem Bekannten schon einmal mit Hilfsmitteln (z. B. Streichhölzern) etwas zu beschreiben versucht? Trainieren Sie beides: Mitteilungen durch Gesten, kleine Hilfsmittel und wenig Worte verständlich zu machen.

Dieses Bild sagt zum Beispiel: Eine Straße (= zwei Streichhölzer) biegt bei einem Turm (= Glas) und vor einem großen Gebäude (= Streichholzschachtel), hinter dem ein kleiner Park (= vier Streichhölzer) liegt, nach rechts und mündet als breite Hauptstraße (= Füller und Bleistift) in einen Platz (= kleiner Stift und Büroklammern) ein.

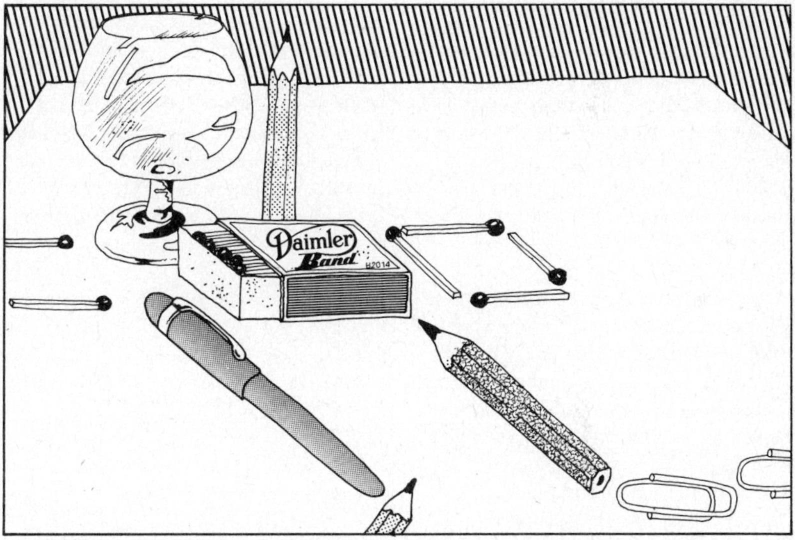

Machen Sie ein Spiel daraus: Beschreiben Sie Ihrem Partner einen vertrauten und einen weniger vertrauten Weg einmal nur mit Händen und Füßen und einmal durch kleine Hilfsmittel wie in unserer Abbildung. Wenn er ihn erraten hat, versucht er es mit Ihnen. Üben Sie außerdem, Wünsche, Beobachtungen oder Fragen nur durch Gesten oder mit Hilfe kleiner Gegenstände auszudrücken und mitzuteilen.

29. Namenspiele

Eine herrliche Beschäftigung, bei der man gleichzeitig lachen und lernen kann, sind Namenspiele. Dabei wandelt man Eigennamen so ab, daß typische Merkmale ihrer Träger hervorgehoben werden. Das Ergebnis soll witzig und sogar ein bißchen frech sein. Vielleicht sind Sie selbst schon einmal darauf gekommen, durch einen lustigen ›Versprecher‹ oder einfach aus Langeweile im Spiel. Da wurde zum Beispiel die hübsche, vollbusige Freundin Susi Müller dann zur Busy Knüller. Oder der Draufgänger und Frauenheld Hans Lottermoser wurde ein Ganz Flotter-Koser. Und so weiter. Eine fröhliche Beschäftigung! Bleiben Sie noch ein wenig dabei. Machen Sie eine Trainingsaufgabe aus dieser Spielerei. Gestalten Sie nacheinander gleich zehn Namen um. Beginnen Sie mit je zwei Namen Ihrer Freunde, Ihrer Kollegen und Bekannten, prominenter Stars und Politiker. Schreiben Sie diese zehn Namen untereinander auf ein Blatt Papier. Dann kommt der zweite Schritt: Stellen Sie sich nacheinander jeden der zehn Menschen lebhaft und ganz plastisch vor, analysieren Sie die Vorstellungen, die Sie von ihm haben, gründlich:

- Welche Fähigkeiten charakterisieren diesen Menschen besonders?
- Welche Eigenschaften unterstreichen seine äußere Erscheinung, seine Bewegungen, seine Gewohnheiten?
- Welche Eigentümlichkeiten haben Sie bei ihm entdeckt, die wohl kaum jemand anders aufweisen kann?

Und nun der dritte Schritt: Suchen Sie den wirksamsten Ansatzpunkt für Ihre Namenschöpfung und gestalten Sie

- durch Buchstabenergänzung,
- durch Buchstabentausch,
- durch Einfügung markanter Attribute (Eigenschafts-, Tätigkeits-, Hauptwörter).

Üben Sie sich in diesem lustigen Spiel und überraschen Sie Ihre Freunde mit den Ergebnissen, die Ihnen besonders gut gelungen sind. Außerdem ist der Hintergrund durchaus ernsthaft: Man lernt, etwas Gegebenes nicht als unveränderbar hinzunehmen – nicht einmal einen Eigennamen. Und man lernt, etwas Beobachtetes auszudrücken und zu formen. Wer Bilder statt Phrasen gebraucht, kann auch anderen die eigenen Eindrücke plastisch und verständlich weitergeben.

Sechstes Trainingsfeld

Trainieren Sie mit System. Wiederholen Sie auch Aufgaben, die Sie schon kennen: Immer wieder in anderer Reihenfolge und in ganz unterschiedlichen Zeitabständen. Erfinden Sie Ihren Trainingsplan selbst. Frei und systematisch genug, daß er Ihnen gefällt.

Ein unerwarteter Gedanke ist oft der Grundstein zum Erfolg.

Wenn Sie für ein Problem keine Lösung finden – ändern Sie das Problem.

Seien Sie tolerant gegenüber anderen – sie könnten recht haben.

Sammeln Sie Wissen. Interessieren Sie sich für alles.

Lassen Sie Ihre Einfälle nicht im Verborgenen blühen.

Wählen Sie sich kreative Menschen zu Vorbildern.

30. Doppelgänger

Er ist flink wie ein Wiesel – da sehen wir den beschriebenen Bekannten schon ohne lange Erklärungen vor uns. Üben Sie diese kreative Ausdrucksweise. Mit wenigen Worten, nur durch ein passendes Beispiel oder einen Vergleich können Sie alles anschaulich und präzis beschreiben. Besonders, wenn es kaum treffende Worte gibt, eine Stimmung, ein Phänomen oder einen Sachverhalt zu beschreiben.

Im folgenden sind zwei Gruppen von Wörtern einander gegenübergestellt: In der linken Spalte Namen, einmalige Dinge oder persönliche Bekannte. In der rechten Spalte Oberbegriffe, denen viele Beispiele unterzuordnen sind. Suchen Sie nun für jeden Namensträger der linken Spalte ein Beispiel unter jedem der Oberbegriffe der rechten Spalte heraus. Ein Beispiel:

»Paris« – als Tier ein Pfau, als Pflanze eine Rose, als Konzertstück Polonaise brillante usw.

Ergänzen Sie die beiden Spalten durch solche einmaligen Phänomene und Oberbegriffe, die Ihnen Spaß machen. Vielleicht können Sie erst dann besonders treffende Beschreibungen aufspüren.

Paris	Tier
Odysseus	Pflanze
Max Schmeling	Konzertstück
Abraham Lincoln	Sprichwort
Tokio	Werbeslogan
Mount Everest	Werkzeug
Der Mond	Möbel
Der Spiegel	Kleidung
Ihr Freund	Auto
Ihre Freundin	Farbe
Ihr Hobby	Schlager
Ihr Alter	Getränk
Ihr Fernsehstar	Menü
Ihr Morgenkaffee	Duftstoff
Ihre Wohnung	Urlaubsort
Ihr Wohnort	Politiker
Ihr Einkommen	Buch
Ihr Auftreten	Spielzeug
Ihr größter Wunsch	Musikinstrument

Und noch ein Tip: Versuchen Sie nicht gleich, das allerbeste Beispiel zu finden. Es dauert zu lange, und Sie engen gleichzeitig Ihre Phantasie zu sehr ein. Es gibt nicht nur ein gutes Beispiel, das wesentliche Eigenschaften hervorhebt, sondern unzählige.

31. Ornamente

Entwerfen Sie mit diesen Elementen 10 verschiedene Muster für Bänder. Zum Beispiel:

Gestalten Sie mit drei selbstgewählten Elementen 10 verschiedene Kreisflächen. Zum Beispiel:

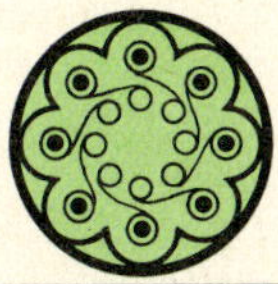

Entwickeln Sie für 15 Flächen eine möglichst abwechslungsreiche ornamentale Linienführung. Zum Beispiel:

Erfinden Sie 10 interessante Elemente und gestalten Sie je 5 Bänder, Kreismuster und Flächen!

Als Designer haben Sie heute Chancen. In der ersten Phase der Automation wurden viele Gegenstände nach demselben Entwurf hergestellt. In den späteren Phasen fertigten die Automaten nach jeweils anderen Programmkarten mehr und mehr unterschiedliche Gegenstände. Der Trend geht hin zu größerer Vielfalt. Entwerfen Sie einmal für Möbel, Tapeten und Fassaden neue Muster mit abwechslungsreichen Formen.
Gehen Sie noch einen Schritt weiter. Übertragen Sie Ihre besten Entwürfe auf ein großes Format und machen Sie eine kleine Ausstellung. Wenn Sie dazu farbige Papiere, Zirkel, Lineal und Schere nehmen, gelingt Ihnen auch die technische Ausführung Ihrer Idee auf Anhieb.

32. Umleitung

Jeder Autofahrer kennt sie: die ärgerlichen Schilder ›Fahrtrichtung rechts‹, ›Fahrtrichtung links‹, ›Einbahnstraße‹, ›Durchfahrt verboten‹ oder ›Umleitung‹. Alles wird einfacher, wenn man einen Straßenplan vor sich hat (rechte Seite). Hier hat man die kürzesten Wege vor sich, und es kommt auch kein Schild über Nacht dazu . . . Damit ein Vergleich der Entfernungen zwischen den verschiedenen Orten (Schnittpunkte der Straßenzüge: A, B, C, D, E, F) leicht möglich ist, sind drei Typen von Abmessungen zugrunde gelegt. Die kürzeste beträgt 3, die mittlere (z. B. zwischen C und D) 4, die längste (z. B. zwischen A und B) 5 Einheiten.
Unten sind die ersten Schritte getan. Ermitteln Sie die kürzesten Entfernungen zwischen den Orten, die Sie in die mit einem Punkt versehenen Felder eintragen. Entfernungen von A nach B, C, D, E, F, von B nach C, D, E, F, von C nach D, E, F, von D nach E, F und von E nach F sind über der Diagonale einzutragen, die Rückwege unterhalb der Diagonale. Der Weg z. B. von F nach D beträgt 13, obwohl er von D nach F 9 Einheiten beträgt.

	A	B	C	D	E	F
A		5	11	13	13	22
B	•		6	8	12	•
C	•	•		•	•	•
D	•	•	•		•	•
E	•	•	•	•		•
F	•	•	•	13	•	

Folgende Anregungen können Sie auf dem Verkehrsspielplatz ausprobieren und zum Teil auf die alltägliche Verkehrssituation übertragen: Welcher Weg verbindet ohne Umweg alle Orte miteinander?
Welcher Weg ist der kürzeste, wenn Dinge von A nach C und F nach B zu transportieren sind? Ist Weg A C B D E F E länger als Weg C B D A F E?
Nun sind Sie mit vielen Problemen dieses Verkehrsnetzes gut vertraut. Wo liegen seine Vorzüge, wo könnte man ohne großen Aufwand Erleichterungen schaffen?
Folgende Veränderungen sind zulässig:

- ein bis fünf Fahrtrichtungsanzeiger verlegen,
- ein bis drei Straßen ersetzen (bei konstanter Gesamtlänge),
- ein bis fünf Schnellstraßen einrichten (sie zählen dann als halb so lang wie die Normalstraßen).

Aber nicht genug damit. Denken Sie weiter. Kreative Einfälle kennen keine Grenzen. Welche zusätzlichen Verbesserungen könnten Sie sich vorstellen?

Übertragen Sie Ihre Ideen auf eine Großstadt. Auf einem Stadtplan können Sie die Verkehrszeichen so eintragen, daß der Verkehr möglichst flüssig wird. Dazu sollten Sie dort auch die unterschiedliche Verkehrsdichte berücksichtigen.

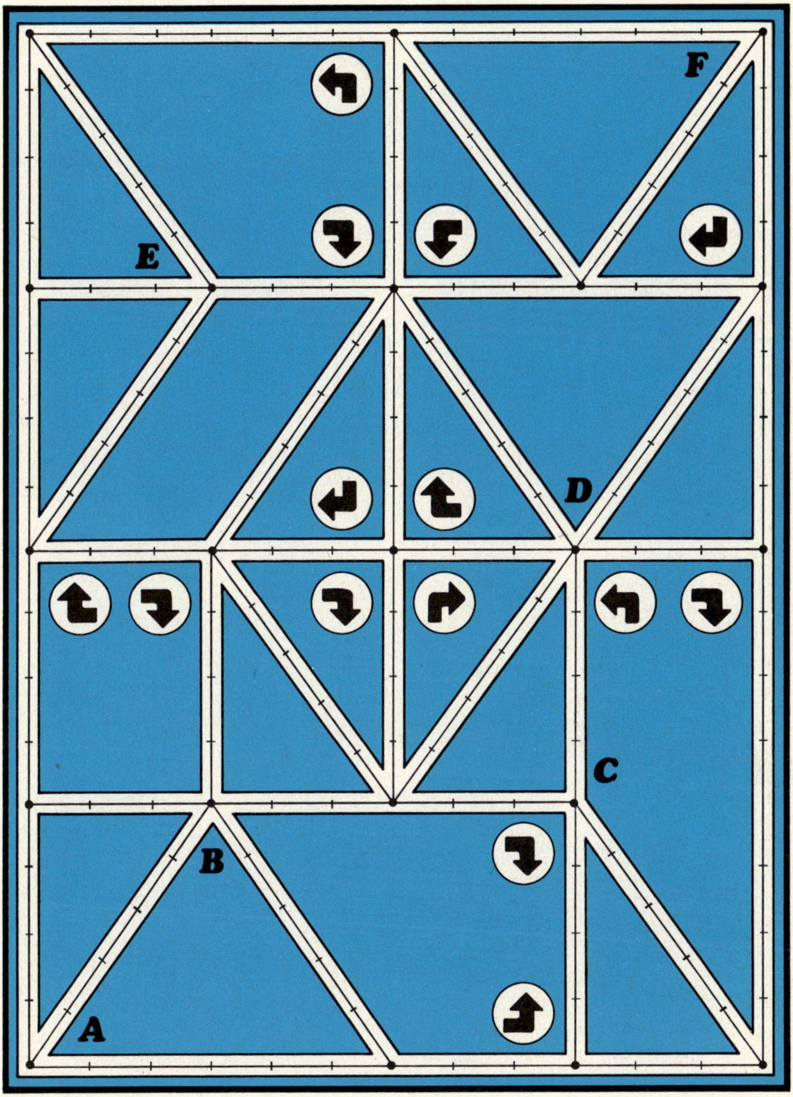
F
E
D
C
B
A

33. Zahlenwaage

Flirten Sie einmal mit Zahlen. Natürlich nicht mit den ersten besten, sondern mit auserlesenen. Dabei stellen Sie dann fest, daß ein kreatives Spiel mit Zahlen Ihnen neue Aspekte und Beziehungen eröffnet. Spielen Sie ruhig mit mehreren Zahlen zugleich und regen Sie Ihren Zahlensinn an. Wenn Sie die folgenden Aufgaben nicht wie ein Mathematiker durch Formeln lösen, sondern durch Probieren, trainieren Sie Ihr einfallsreiches Verhalten besonders intensiv. Frage: Welche Zahlen können Sie in die Kreise einsetzen, daß die Gleichung stimmt? Die Summen der eingesetzten Zahlen (alle positiv) sollen im ersten Durchgang 20, dann 30, 40, 50 und 60 sein. Für einige Aufgaben sind mehrere Lösungen möglich.

Hinweis: Achten Sie bitte darauf, daß · und : vor + und — ausgerechnet werden muß. Zum Beispiel letzte Zeile:
$5 = 9 : 3 \cdot 2 - 1$
(Summe der positiven Zahlen = 20);
$5 = 3 \cdot 2 - 1$;
$5 = 6 - 1$; $5 = 5$.

○ + ○ − ○ + ○ = ○

○ − ○ + ○ = ○ + ○

○ + ○ = ○ − ○ − ○

○ = ○ − ○ + ○ − ○

○ · ○ + ○ : ○ = ○

○ + ○ · ○ = ○ : ○

○ − ○ = ○ · ○ : ○

○ = ○ : ○ · ○ − ○

Entwickeln Sie nun eine Knobelecke für Ihre Freunde. Das Aufgabenschema oben kann Ihnen dabei als Ausgangsbasis dienen. Stellen Sie Aufgaben mit 4 bis 7 Kreisfeldern, würfeln Sie die Vorzeichen bunt durcheinander und setzen Sie vor jeder neuen Aufgabe eine andere Summe für die unbekannten Zahlen fest.

34. Ablauf

Der letzte Umzug war eine Katastrophe. Als die Packer kamen, wartete der Möbelwagen schon 2 Stunden. Das kostete Ihr Geld. Planen Sie einen Umzug, daß er ohne Zeitverlust reibungslos abläuft. Dies ist der erste Schritt: Legen Sie eine Liste aller wichtigen Einzelabläufe an. Stellen Sie fest, ob zwischen den Einzelabläufen Abhängigkeiten bestehen. Stellen Sie den Ablaufplan grafisch dar. Ein einfaches Beispiel finden Sie auf dieser Seite. Rechts sind die einzelnen Abläufe und Bedingungen notiert, unten finden Sie den Plan. Die wichtigste Dimension in der Skizze ist der Zeitablauf (waagrecht). In der Senkrechten wird jeweils für den nächsten, frühere Vorgänge überschneidenden Ablauf eine weitere Linie gewählt.

Der hier analysierte Umzug wird mit Motorwagen und Anhänger durchgeführt. Möbel sind von A und B nach Z zu bringen. Der Transporteur wohnt in ›Start‹ (in unserer Abbildung der Punkt auf der Senkrechten).

Hier sind die Einzelabläufe und Bedingungen:

1. Fahrt zwischen ›Start‹ und A — 60 min
2. Fahrt zwischen ›Start‹ und B — 30 min
3. Fahrt zwischen A und B — 60 min
4. Fahrt zwischen A und Z — 60 min
5. Fahrt zwischen B und Z — 60 min
6. Ladezeit in A — 90 min
7. Ladezeit in B — 120 min
8. Entladezeit gesamt in Z — 150 min
9. Mittagspause — 30 min
10. Entladebeginn ab 13.30 Uhr möglich
11. Umzug soll möglichst früh beendet sein.

Hier einige Variationen:

- Verändern Sie zur Übung an diesem Beispiel die Zeiten für die Einzelabläufe 1 bis 10. Wie ändert sich dadurch der Gesamtablauf?
- Suchen Sie fünf weitere Beispiele für die Ablaufsplanung aus Ihrem Leben, und entwickeln Sie den optimalen Plan dafür. Je mehr Abhängigkeiten zwischen den einzelnen Ereignissen bestehen, desto interessanter ist dieses Planspiel.

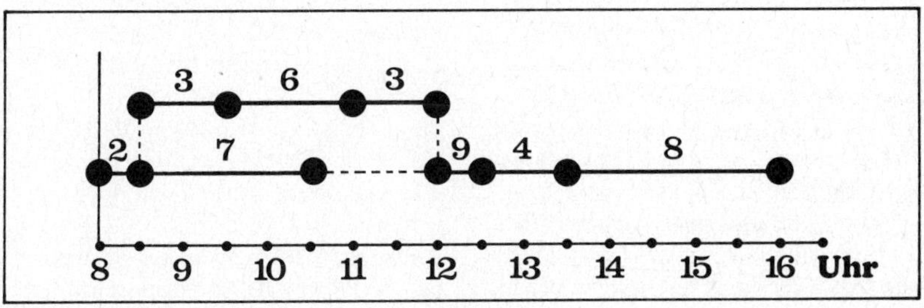

35. Bauspiele

Architekt und Bauherr unterhalten sich. Mit Händen und Füßen versucht jeder, dem anderen seine Vorstellungen zu übermitteln. Bis der Architekt zu einem Trick greift. Er malt die Fassade des Einfamilienhauses auf und bezeichnet die verschiedenen Abmessungen mit Buchstaben. Diese einfache Skizze sehen Sie unten.

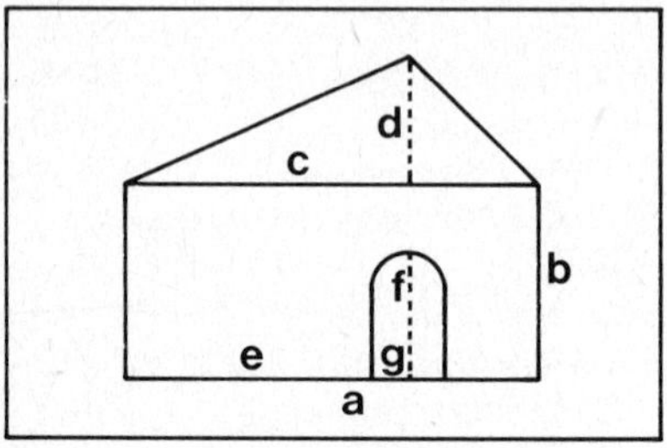

Gewiß: ein einfaches Haus, sogar ohne Fenster. Doch geeignet, um Wünsche zu präzisieren. Nun kann für jede Abmessung eine Länge in Metern angegeben werden. In aller Ruhe kann der Bauherr mit den Abmessungen puzzlen, es mit dieser oder jener Länge versuchen, bis er den Hit unter den Häusern gefunden hat.
Herr Hauswunsch, der Bauherr, vertieft sich in die Skizze des Architekten. Er kombiniert scharf. Die folgenden Spielregeln tüftelt er aus: 1. Die Abmessungen a und b können frei gewählt werden, 2. e + g sowie c müssen kleiner sein als a, f (Türhöhe) kleiner als b (die Türbreite). Er beginnt zu experimentieren.
Experimentieren Sie mit. Wählen Sie für die verschiedenen Abmessungen Längen aus und zeichnen Sie die Haustypen auf, die sich dabei ergeben.
Hauswunsch denkt weiter. Am Telefon beschreibt er seinem Architekten das Haus so: H (a = 6 m; b = 4 m; c = 3 m; d = 1 m; e = 3 m; f = 2 m; g = 1 m). Der Architekt fragt: »Können Sie das Haus nicht etwas weniger umschweifig beschreiben?« Herr Hauswunsch reagiert sauer, doch einlenkend: »Selbstverständlich«, sagt er. Und dann:
»Ich lasse Buchstaben, Gleichheitszeichen und Benennung weg, die Abmessungen werden in derselben alphabetischen Reihenfolge genannt, also H (6; 4; 3; 1; 3; 2; 1).« Der Architekt ist begeistert. Er taut auf. Sein wesentlichster Vorschlag: »Ihre Vorstellung vom Haus ist prima, aber spielen Sie noch ein wenig mit Zahlen weiter. Lösen Sie sich von konservativen Vorstellungen. Suchen Sie eine neuartige, kreative Lösung. Werfen Sie mit zwei Würfeln. Multiplizieren Sie die beiden Ziffern miteinander. Verdoppeln Sie das Ergebnis, und bestimmen Sie so eine Abmessung nach der anderen. Der Würfel wird Sie zu neuen Ideen hinführen. Erwürfeln Sie 10 Häuser, zeichnen Sie die Häuser auf.«
Rechts finden Sie zwei Beispiele für die Zufallshäuser. Ihre Formel lautet:
H_1 (32; 24; 16; 4; 20; 18; 4),
H_2 (48; 18; 4; 24; 12; 8; 12).
Entwickeln Sie nun ähnliche 10 Häuser und wählen Sie die Hausform aus, die Ihnen in irgendeiner schönen Stadt am besten gefallen würde.
Benutzen Sie diese Form der Beschreibung auch, um die Abmessungen von

Stühlen, Tischen, Büchern und Flaschen mitzuteilen, die Sie vorher selbst erfunden haben.
Beim Erwürfeln der Abmessungen ergeben sich natürlich auch zum Teil abwegige Formen. Bringen Sie deshalb wieder Ihre eigenen Vorstellungen ins Spiel. Mit einer Ausnahme ermitteln Sie die Abmessungen durch den Zufall – und diese bestimmen Sie entsprechend Ihrem Geschmack. Im Beispiel des Hauses: Sie bestimmen die Längen a, b, d, e, f, g durch Würfel und c nach Ihren persönlichen Wünschen. Anschließend wählen Sie dann zwei oder drei Abmessungen nach Ihrem eigenen Belieben. So kombinieren Sie geschickt Zufall und eigene Ideen zu kreativem Verhalten.

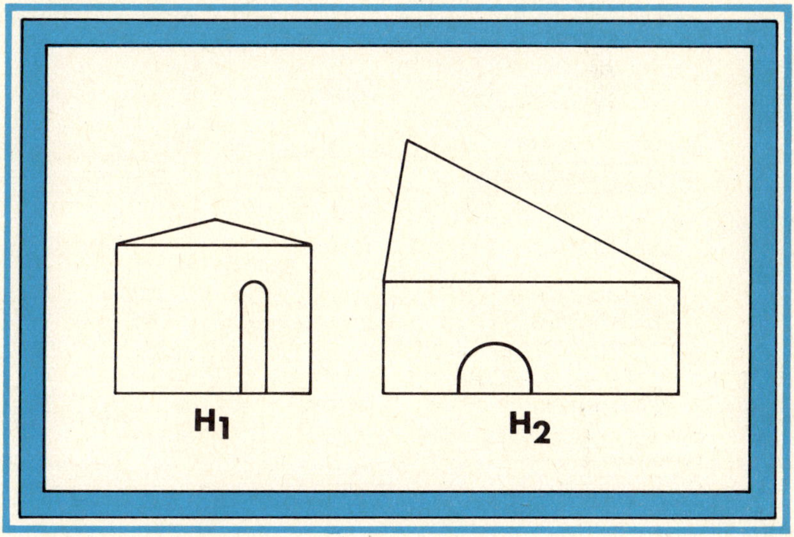

Spiel 4: Top-Spiel

	1	2	3
1	Erfindung	Beruf	Farbe
2	Tier	Möbel	Fluss
3	Werkzeug	Frucht	Tätigkeit
4	Gebäude	Land	Musik instrument
5	Witz	Eigenschaft	Rätsel
6	Speise	Kleidungs stück	Organ

Wunsch
Erinnerung
Körperteil
Entdeckung
Fahrzeug
Spiel
Baustoff
Pflanze
Sport
Stadt
Form
Getränk
Gefäss
Freund
Erfahrung
Kunstwerk
Hobby
Fähigkeit

So spielen Sie das Top-Spiel:

Üben Sie ein bißchen, bevor Sie dieses Spiel mit anderen spielen – dann steigen nämlich Ihre Gewinnchancen! Es ist ganz leicht:
Sie würfeln einmal. Die Zahl, die herauskommt, bezeichnet nach Ihrer Wahl Spalte oder Zeile. Jetzt wird's ernst: Zu jedem Schild sollen Ihnen mindestens zwei (besser mehr) Mitglieder der Begriffsfamilie einfallen. Ein Beispiel: Sie würfeln eine 3, bestimmen damit die Spalte und legen los: rot, grün – Donau, Rhein – malen, kochen – Orgel, Flöte – Kreuzworträtsel, Silbenrätsel – Herz, Lunge.
Das ist noch recht einfach. Variieren Sie. Erfinden Sie zu jedem Begriff einen ganz kurzen oder einen sehr langen Satz. Oder einen Bandwurmsatz, in dem aus jeder Wortfamilie der gewählten Spalte (Zeile) ein Mitglied vorkommen muß. Oder Sie erzählen nach demselben Prinzip eine ganze Geschichte. Sie können auch vor dem Spiel den Anfangs- oder Endbuchstaben der Lösungsworte festlegen; sogar mehrere Buchstaben, die darin enthalten sein sollen.

Am Schluß gewinnt derjenige, der am schnellsten seine Aufgabe gelöst hat. Oder der, der die meisten Einfälle hat. Oder die besten.

Siebtes Trainingsfeld

Verschaffen Sie sich einen Überblick über Aufgabenreihen und Trainingsziele, bevor Sie sich in Einzelheiten vertiefen. So halten Sie Ihre Einfälle am besten in Schwung. Und Sie bleiben Ihrem Trainingserfolg auf der Spur.

Denken Sie jeden Gedanken zu Ende (und noch ein Stück weiter).

Unruhe ist die erste Pflicht des kreativen Menschen.

Wehren Sie sich mit einer neuen Idee gegen alte Gewohnheiten.

Niemand ist ständig in Höchstform. Auch Pausen sind kreativ.

Üben Sie sich in konstruktiver Kritik.

Stellen Sie sich jeder Diskussion. Lernen Sie von anderen.

36. Kreislinienfelder

Konstruktive Spiele mit einfachen Flächen und Linien sind Inhalt einer Kunstform, Op-Art genannt. Sie regen die gestalterische Phantasie an. Sie bilden Formgeschmack aus. Sie lassen einen Blick in einfache Bauprinzipien zu, nach denen Blumen ebenso wie Bahnhöfe, Knochen wie Kraftfahrzeuge, Eisblumen wie Eisenbahnschienen, Wasserwellen wie Wände aus Stahl und Beton konstruiert sind.

In dieser Tafel finden Sie einfache Formen spielerisch miteinander kombiniert. Jedes Feld wurde aus den Elementen der Randfelder gestaltet. Linien mit Linien, mit Quadratfeldern, mit Kreisen. Lassen Sie jede Komposition auf sich wirken. Lösen Sie das Ganze dann in seine Elemente auf. So entdecken Sie das Bauprinzip.

Phantasieren Sie nun selber weiter. Mit Formen und Konstruktionen. Gestalten Sie zunächst wenigstens drei Gebilde für jedes Feld. Dann haben Sie den Bogen heraus. Lassen Sie sich möglichst viele neue Formen und Kombinationen einfallen. Experimentieren Sie mit ihnen und suchen Sie die interessantesten Lösungen, die Sie dann ausführen.

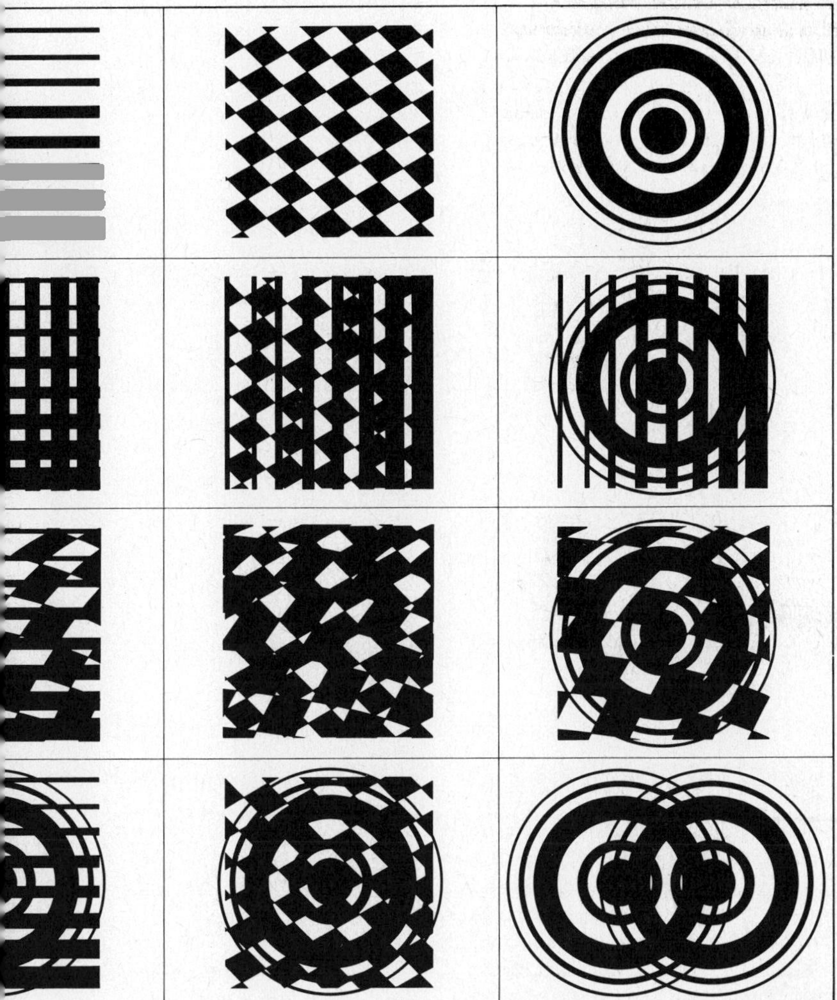

37. Sprachlehre

Lieben Sie Grammatik? Hier eröffnet Sie Ihnen ein einfaches Suchmuster. Damit können Sie nach Herzenslust in Ihren Einfällen kramen: Setzen Sie nacheinander in die fünf Felder der ersten Spalte ein Reizwort, bilden Sie einen Satz in der gewünschten Zeitform – dann lassen Sie Ihren Gedanken freien Lauf. Wiederholen Sie den Durchgang mit jedem der folgenden fünf Reizwörter: lieben, fahren, kaufen, spielen, finden. Dann kommen die nächsten Spalten dran. Für jedes Feld ein Satz mit einem Reizwort. Denken Sie daran: Zum Satz gehören mindestens Satzgegenstand und Satzaussage. Alles weitere liegt an Ihnen und Ihren Einfällen.

	ich	du	er	sie	es	wir	ihr	sie
Präsens						wir lieben		
Perfekt		du hast gespielt						
Imperfekt				sie kaufte				
Futur I								sie werden finden
Futur II	ich werde ge-fahren sein							

Haben Sie bemerkt, wie diese Sprachmatrix längst Vergessenes von ganz neuer Sicht betrachten läßt und Einfälle weckt, die recht ungewöhnlich sind? Dann sollten Sie die Gedanken aufgreifen und entwickeln. Ergänzen Sie die Reizwörter mit neuen, die Ihnen gerade einfallen. Und wiederholen Sie jede Reihe recht oft mit anderen Satzgegenständen. Sie ersetzen also ›ich, du, er‹ usw. durch ›Freundin‹, ›Haus‹ usw.

38. Visitenkarten

Schärfen Sie Ihren Blick für das Sonderbare. Spielen Sie mit dem Selbstverständlichen. Um so beweglicher werden Ihre Vorstellungen und Begriffe. Üben Sie beides einmal mit Namen und Berufen. Oft genug stehen beide in enger Beziehung zueinander. Wenn Ihr Zahnarzt auch nicht gleich Backweh und Ihr Schreiner nicht Hobler heißt – achten Sie doch mal darauf! Sammeln Sie Visitenkarten oder erfinden Sie selbst welche, bei denen der Beruf im Namen steckt. In den beiden Feldern unten finden Sie je drei Beispiele für Namen, in denen der Beruf des Trägers wörtlich oder bildlich enthalten ist:

F. Schulmeister
Oberlehrer

K. Neubauer
Architekt

M. Listig
Rechtsanwalt

Sie befinden sich mit Ihrer Sammlung in guter Nachbarschaft. Denn die meisten unserer Namen sind vor nicht mehr als 200 Jahren so entstanden oder doch wesentlich geformt worden: Berufe, Wohnort, Eigenschaften des Trägers bildeten die Grundlage eines kreativen Aktes seiner Nachbarn oder eines einfallreichen Schreibers.

39. Berufsbilder

Aus den Fehlern anderer lernt man angeblich viel. Warum nicht vielleicht aus ihren Stärken noch viel mehr? Überlegen Sie einmal, welche Tätigkeiten jeder Beruf in dieser Schautafel verlangt: Das ist aber noch nicht alles. Überlegen Sie bitte weiter, welche Tätigkeiten in jedem Beruf die größte Vielseitigkeit, Beweglichkeit und die besten Einfälle verlangen.

Bei welchen Aufgaben müssen diese Leute besonders kreativ sein?

Glaser	Elektromechaniker	Schausteller	Kürschner
	Patentanwalt		
Musiker	Chemielaborant	Fürsorger	Zahntechniker
		Edelsteinbearbeiter	Sprengmeister
Steuerberater	Werkzeugmacher	Volksschullehrer	
Nährmittelhersteller		Hilfsarbeiter	Technischer Zeichner
	Steward	Makler	

Bis hierher waren Sie eindeutig im Vorteil. Es ist bekannt, daß ein Neuling oft die besten Einfälle hat. Er ist eben nicht ›betriebsblind‹. Wie sieht es nun aber in Ihrem eigenen Beruf aus? Vergleichen Sie die wichtigsten Anforderungen miteinander. Entscheiden Sie, welche von Ihnen am meisten Kreativität verlangen. Vielleicht wollen Sie vorher noch etwas üben? Dann setzen Sie in die leeren Felder Berufe ein, die Sie besonders interessieren.

40. Vielzweckerei

Dieses Gedankenspiel regt Ihren Einfallsreichtum ebenso stark an wie Ihren Erfindergeist: Beschreiben Sie für jedes ›Material‹, das hier aufgeführt ist, so viele Verwendungszwecke, wie Ihnen bei intensivem Nachdenken einfallen:

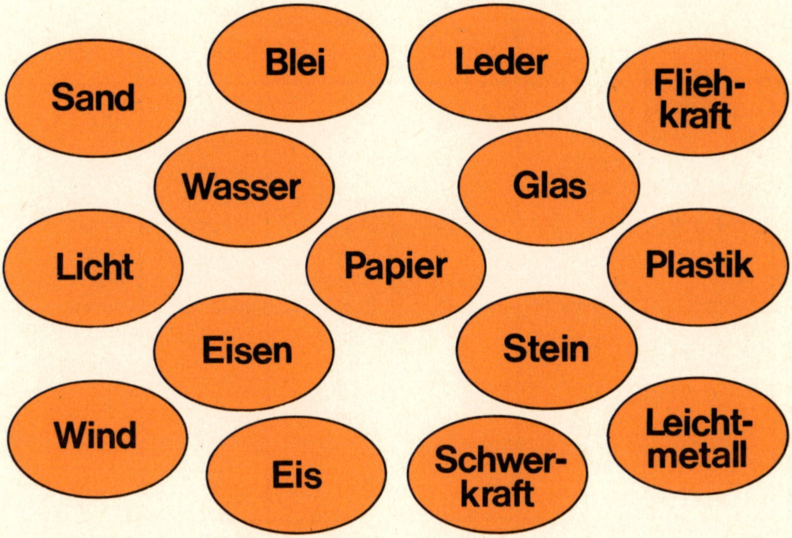

Legen Sie am besten für jedes Feld ein gesondertes Blatt Papier an. Beginnen Sie mit Verwendungszweckgruppen, zum Beispiel bei ›Holz‹: Möbel, Werkzeuge . . . Gehen Sie dann erst immer weiter ins Detail, zum Beispiel bei ›Holz‹ – Werkzeuge: Hebel, Rollen . . . Setzen Sie Ihre Listen immer weiter fort. Noch mehr: Legen Sie für je zwei, drei oder mehr Felder eine gemeinsame Liste an. Darin beschreiben Sie die Zwecke, für die die gewählten Materialien gemeinsam verwendet werden können.

41. Beschreibungen

Zeichnen Sie sich als guter Erzähler aus: Beschreiben Sie Ihre Beobachtungen, Erfahrungen und Erlebnisse so lebhaft und anschaulich, daß Ihre Zuhörer Ihnen gern folgen und verstehen, was Sie schildern. Beginnen Sie mit diesem Grundkurs für Erzähler: Beschreiben Sie zum Beispiel jemandem die Farbe Gelb, als habe er sie noch nie gesehen.

Maße	Klänge	Formen	Gefühle	Gerüche	Farben
nah	laut	groß	Freude	süß	blau
fern	leise	klein	Spannung	sauer	rot
hoch	Dur	rund	Liebe	scharf	gelb
tief	moll	eckig	Hoffnung	bitter	grün
lang	hoch	Quadrat	Staunen	frisch	schwarz
kurz	tief	Kreis	Gewißheit	aromatisch	weiß
breit	Lärm	Dreieck	Sympathie	Duft	bunt
schmal	Geräusch	Würfel	Lust	mild	violett

Wählen Sie je einen Begriff und suchen Sie nach den charakteristischen Erscheinungsformen, Eigenschaften, Funktionen, Wirkungen. Schreiben Sie Ihre besten Einfälle auf. Wenn Sie ein wenig geübter sind, trainieren Sie gemeinsam mit Freunden: Im Gespräch, durch Frage und Antwort setzen Sie mit Ihren Einfällen die Spalten fort.

Achtes Trainingsfeld

Sammeln Sie Anregungen für Ihr Training, so viele es gibt. Prüfen Sie alles, was Ihnen begegnet, ob Sie es verwenden wollen. Fortwerfen und verstoßen können Sie es immer noch. Suchen Sie, so lange Sie trainieren.

Kreativität beginnt im Kleinen. Dann folgt das Große von selbst.

Ändern Sie Ihre Umgebung, bevor Sie sich in ihr langweilen.

Aktivität ist gut – Kreativität ist besser.

Kreativität ist unabhängig vom Alter. Im Gegenteil: sie hält jung.

Überblick macht Sie kreativ: Ordnung ist das halbe Leben.

Lassen Sie Ihre Ideen ruhig unterschiedlich deuten. Das macht sie interessant.

42. Sichtweisen

Aus einzelnen Stücken, Linien oder Farbflächen, die der Künstler nach seiner bestimmten Vorstellung zusammengruppierte, entstehen Bilder. Dabei verändert jede hinzukommende Linie die Beziehungen aller anderen Linien untereinander. Neue Strukturen entstehen, alte treten zurück. Wenn das Bild fertig ist, sehen wir im allgemeinen nur eine bestimmte Struktur. Sie trainieren hier, mehr in einem Bild zu sehen als den in den ersten Sekunden aufgenommenen Eindruck. Brechen Sie die verschiedenen, einfachen Bilder auf, zerlegen Sie die Bilder. Kreativ ist jener Mensch, der im gleichen immer wieder etwas anderes sehen kann. Er versucht nicht krampfhaft das eine, erste Bild festzuhalten, sondern sieht von Mal zu Mal mehr.

In den sechs Feldern unten finden Sie ein Beispiel. Der Stern im ersten Feld wird hier optisch aufgeschlüsselt, fünfmal ganz anders. Konzentrieren Sie sich. Prägen Sie sich eines der offenen, zerlegten Bilder ein und tragen Sie diesen neuen Eindruck in die erste Zeichnung hinein. Sie sehen dann den Stern nicht mehr als ein geschlossenes Gebilde, sondern mit deutlichen Akzenten, zum Beispiel als eine Gruppe von sechs regelmäßigen Dreiecken.
Merken Sie sich so jedes Feld genau und lernen Sie, dasselbe Phänomen immer wieder anders zu sehen.

Diese vier Zeichnungen bieten Ihnen einige Übungsaufgaben. Versuchen Sie, jede Zeichnung in möglichst viele gleichartige, dann in möglichst viele unterschiedliche Strukturen aufzubrechen. In einem Zwischenschritt, den Sie dabei tun können, isolieren Sie einfach einen Ausschnitt aus dem gesamten Linienwerk, und erst später zerlegen Sie jede Zeichnung so, daß in den entstandenen Strukturen alle Linien vorkommen, aus denen die Zeichnung besteht.
Wählen Sie anschließend einige Bilder von Gegenständen Ihrer Umgebung und probieren Sie dort dasselbe. Strukturieren Sie ein Telefon, eine Fläche, eine Brille, das Fernsehgerät um und bereichern Sie damit Ihr Blickfeld. Übrigens: Interessant ist auch, aus den einzelnen Elementen neue Bilder aufzubauen. Gehen Sie von den sechs einzelnen Dreiecken des Sterns aus. Sicher entwickeln Sie einige neue Zeichnungen aus diesen sechs Elementen. Vergleichen Sie die mit dem Stern: Sie haben alle Teile verwendet und doch etwas ganz Neues erhalten. Spielen Sie ebenso mit den anderen Teilstrukturen.

43. Zerrbilder

Lernen Sie, einige Täuschungsmanöver zu durchschauen, die Ihnen von Statistikern serviert werden. Im Feld 1 finden Sie eine grafische Darstellung, die hier neutral angegeben wird. Sie könnte natürlich auch thematisch gebunden sein, z. B. die Einkommensentwicklung über mehrere Jahre hinweg darstellen. Durch den Wechsel des Koordinatensystems kommen die verschiedenen Verzerrungen in den Feldern 2 bis 6 zustande. Die Identität der Abbildungen erkennen Sie, wenn Sie die Anzahl der Felder in jeder Grafik vergleichen. Es sind immer 15 Felder. Durch ein willkürlich gewähltes Koordinatensystem können Sie also jederzeit den Leser einer grafischen Darstellung optisch täuschen.

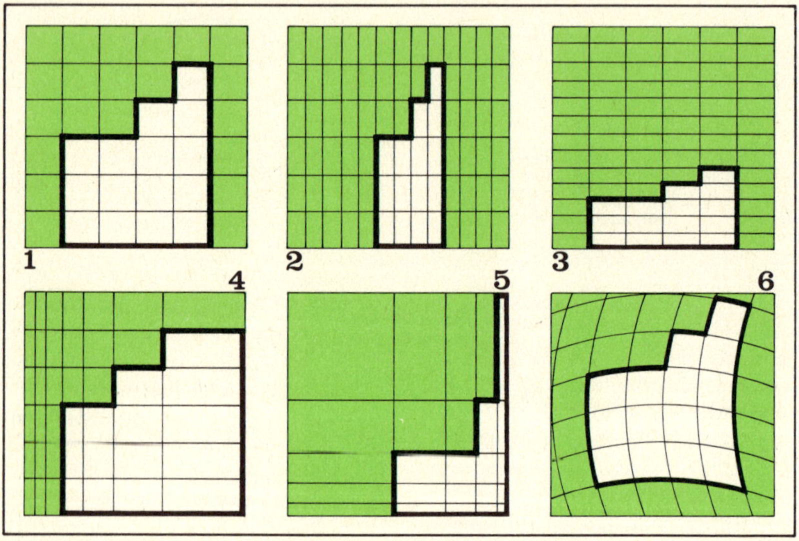

Verändern Sie zum Beispiel die Figuren in Feld 7. Sie wählen ein beliebiges Koordinatensystem aus – siehe Felder 2 bis 6 – und zeichnen diese Figuren hinein. Analysieren Sie nun auch grafische Darstellungen aus Tageszeitung und Büchern. Welche sind auf einem ›verzerrten‹ Koordinatensystem aufgebaut, welche informieren sachlich?

44. Wandeltips

In der Übersicht finden Sie einige Verwandlungsprinzipien. Versuchen Sie, verschiedene Gegenstände, später auch Gedanken, auf ein anderes Ziel hin zu verwandeln. Vielfältige Möglichkeiten stekken in einem Ding, aufregende Neuigkeiten sind zu entdecken. Spielen Sie mit den Tips in der linken Spalte. Zwingen Sie Einfälle herbei, die den Gegenstand in einer anderen, ungewohnten Form neu entstehen lassen. Am Beispiel »Schuh« wird das Spielprinzip deutlich. Wählen Sie viele Dinge aus: Telefon, Schreibmaschine, Flugzeug, Teppich und andere, die Sie bei Ihrem Training vergrößern, verkleinern, verändern, kombinieren oder umgestalten.

Verwandlungsprinzip	I.Ziel	II.Ziel	III.Ziel
Vergrößern extrem große Dimensionen; Einzelteile vergrößern; Funktion verbessern; vervielfachen	Schuh für Elefanten	wasserfest machen	
Verkleinern extrem kleine Dimensionen; Einzelteile verkleinern; Funktion einschränken; teilen			
Verändern anderes Material; andere Funktion; an Umstände anpassen; zeitweilig anders verwenden	Schuh aus Gummi herstellen	Schuh als Werkzeug	
Kombinieren als Zusatz verwenden; anderes Material dazunehmen; in großen Zusammenhang einbetten	Schlittschuheisen anschrauben	mit Sprungfedern hüpfen	
Umgestalten Zerlegen und Teile zu anderem Zweck gebrauchen; Teile davon in anderem Zusammenhang verwenden	Oberleder für Geldbeutel		

45. Experiment

Denken Sie in Experimenten. So wie es Wissenschaftler täglich tun. Beobachten Sie, wie sich Ausgangsgrößen ändern, wenn die Eingangsgrößen verändert werden. Zum Beispiel beim Fußball: Wie viele Tore (Ausgangsgröße) werden mehr fallen, wenn die Torgröße (Eingangsgröße) verdoppelt wird?
Nehmen Sie einen Aschenbecher und 10 Büroklammern. Wie viele Büroklammern können Sie aus 2 und 3 m Entfernung so werfen, daß sie im Aschenbecher bleiben? Bei 20 Probewürfen sollten Sie mit 2–4 Büroklammern Erfolg haben. Haben Sie gar nicht oder nur einmal getroffen, fangen Sie mit einem doppelt so großen Gefäß an.
Beginnen Sie nun das Experiment selbst. Werfen Sie 20mal eine Büroklammer aus 2 m Abstand und tragen Sie die Anzahl Ihrer Erfolge im Feld 2 m Abstand, 1. Tag, Wurf 1–20 ein. Schließen Sie gleich die nächste Wurfserie an, aus 3 m Abstand, Wurf 21–40. Tragen Sie wieder Ihr Ergebnis ein. Am besten, wenn Sie soviel Zeit haben, gleich alle Würfe bis 120 hintereinander durchzuführen. So können Sie am zuverlässigsten später aus den Ergebnissen Schlüsse ziehen. Trainieren Sie genauso an den folgenden beiden Tagen und tragen Sie Ihre Erfolge jeweils in das entsprechende Feld ein.
Dieses Experiment können Sie übrigens auch gut als sportlichen Wettkampf (im Büro) mit Ihren Kollegen oder Ihrem Chef austragen. Es bietet Ihnen 10 Minuten eine abwechslungsreiche und entspannende Unterhaltung.

	2 m Abstand			ZS_1	3 m Abstand			ZS_2	S_1
	Wurf 1-20	Wurf 41-60	Wurf 81-100		Wurf 21-40	Wurf 61-80	Wurf 101-120		
1. Tag				1				2	7
2. Tag				3				4	8
3. Tag				5				6	9
S_2	10	11	12	13	14	15	16	17	18

Jetzt werten Sie die Ergebnisse dieses Lernexperiments aus. Bilden Sie ZS_1 (Zwischensumme 1) und ZS_2 für jeden Tag, S_1 als Summe von $ZS_1 + ZS_2$ für jeden Tag und S_2 für die verschiedenen Würfe (1–20, 41–60, 81–100 usw.), schließlich die Summen für die Felder 13, 17 und 18. Sie können nun ablesen:
1. Unterschiedliche Leistung bei verschieden schwieriger Anforderung; Vergleich der Summen der Felder 13 und 17.
2. Leistungssteigerung durch Training an den 3 Tagen; Vergleich der Summen der Felder 7, 8 und 9 untereinander,
3. Leistungsunterschiede am gleichen Tag bei den verschiedenen Serien: Vergleich der noch zu bildenden Summen aus Feld 10 + 14, 11 + 15, 12 + 16 untereinander.
Fazit: 1. Sie wissen nun einiges mehr über Ihre Lernleistungen. 2. Sie beurteilen nicht mehr isolierte Ereignisse, die mehr oder weniger zufällig sind wie ein Wurf, sondern Ereignisketten und längere Trends – und dies vermindert einseitige Urteile.
Hier finden Sie noch einige spezielle Tips für die Durchführung von Experimenten: Isolieren Sie das Merkmal, das Sie untersuchen wollen, aus den vielfältigen Beziehungen heraus, in die es normalerweise verwoben ist.

Dies sind die wichtigsten Anforderungen:
- Untersuchungsziel eindeutig festlegen;
- Merkmale isolieren, so daß keine unkontrollierten Fremdeinflüsse die Ergebnisse beeinflussen;
- Experiment unter konstanten äußeren Bedingungen durchführen;
- Ergebnisse sofort in übersichtliche Tabelle eintragen;
- Ergebnisse auswerten;
- Interpretation der Ergebnisse in bezug auf die untersuchten Merkmale.

Folgende Experimente sind Ihnen sicher völlig geläufig: Die durchschnittliche Zeit, die Sie benötigen, um von Ihrer Wohnung mit verschiedenen Verkehrsmitteln zu Ihrem Arbeitsplatz zu kommen. Die Anzahl durchschnittlicher Spielerfolge bei Skat, Schach oder Tennis gegen bestimmte Partner oder die Anzahl von Liegestützen, die Sie morgens bewältigen.
Untersuchen Sie ähnlich andere Situationen, von denen Ihr Wohlbefinden abhängt. Stellen Sie selbst eine Liste untersuchungswürdiger Tatbestände auf:
- Niederschlagsmenge in Ihrer Wohngegend im Vergleich zu anderen Gegenden.
- Durchschnittliche Dauer, bis Sie Ihren Arbeitsplatz erreichen, im Vergleich zu Ihren Kollegen.
- Anzahl Ihrer Parties oder Besuche im Vergleich zu Ihren Bekannten.
- Durchschnittliche Zufriedenheit mit Ihrem Arbeitsplatz über mehrere Monate hinweg.
- Anzahl der durchschnittlich am Tag angenehmen Stunden im Vergleich zu den weniger erfreulichen über Wochen hinweg.

Übrigens: Experimente sind nicht Selbstzweck, sondern Anlaß für Veränderungen.

Spiel 5: Bilder-Spiel

Spielregel ➧

So spielen Sie das Bilder-Spiel:

Gehören Sie auch zu den Menschen, die beim Telefonieren Männchen, Häuser und Ornamente malen? Nehmen Sie die Linien und Kurven der Spielseiten 84/85 als Startbasis für Zeichnungen, in denen diese grafischen Anregungen in eine größere Figur oder Szene sinnvoll einbezogen sind. Einige Beispiele dazu finden Sie hier auf der Seite.

Spielablauf: Auf Briefbögen werden je acht gleich große Felder eingezeichnet. Der erste Spieler zeichnet mit der Figur in Kreis A ein Bild. Anschließend schickt er seinen Nachfolger auf ein frei gewähltes Feld durch ein Zauberwort, zum Beispiel Akt. Der erste Buchstabe (A) bezeichnet das Ausgangsfeld, der letzte (T) das Zielfeld. Der zweite Spieler zeichnet also ein Bild mit der Anregung in Kreis T usw. Für jede Zeichnung steht jeweils eine Minute Zeit zur Verfügung.

Alle Spieler mit Ausnahme des Zeichnenden bewerten anschließend die Originalität des Einfalls. Ist die Zeichnung sehr originell und ideenreich, werden sieben Punkte vergeben, ist sie nur wenig kreativ, wird sie mit einem Punkt prämiert. Der Zeichner darf für sich den aufgerundeten Mittelwert buchen. Die künstlerische Leistung, die ›Schönheit‹ der Zeichnung, soll nicht bewertet werden. Sie hat mehr mit zeichnerischem Talent zu tun als mit Produktivität und Kreativität.

1. Spielvariation: Alle Mitspieler gestalten aus derselben Anregung ein Bild. Die einfallreichste Zeichnung wird mit sieben Punkten bewertet usw.

2. Spielvariation: Zwei oder drei Zauberworte geben die Bildanregungen an, aus denen ein Bild gezeichnet werden soll, zum Beispiel Akt, Traum, Mann: T, M, N.

Neuntes Trainingsfeld

Helfen Sie mit, die Kreativität ins gute Licht zu rücken. Wählen Sie Partner, die stolz darauf sind, kreativ zu sein. Sie finden gemeinsam immer mehr Freude daran, einfallsreich zu trainieren. Gewißheit sichert Ihren Trainingserfolg.

Bevor Sie ein Problem lösen können, müssen Sie es genau kennen.

Genießen Sie Ihre Phantasie. Wozu haben Sie eine?

Es ist nützlich, Erfahrungen dann auszuwerten, wenn man sie macht.

Wissen macht kreativ. Die Muse küßt selten.

Wenn eine Idee neu ist, ist das schon ein Grund, sich mit ihr zu beschäftigen.

Kreativität und tierischer Ernst schließen sich aus. Komik ist kreativ.

46. Zeitpläne

Es ist meist später, als man denkt. Die Zeit verrinnt einem unter den Händen. Planen Sie und verschaffen Sie sich einen Überblick, wieviel Zeit Ihnen für einzelne Planabschnitte bleibt. Damit verschaffen Sie sich zwar auch nicht mehr Zeit – aber Sie schätzen Ihre zeitlichen Möglichkeiten realistischer ein und gehen ökonomischer damit um.

Planen ist nämlich eine wichtige Voraussetzung für viele Ihrer kreativen Verhaltensweisen. Zum Beispiel für Organisieren, Finden, Verbessern, Wirksamermachen und so weiter. Üben Sie deshalb das Planen gründlich. Beginnen Sie gleich hier damit:

Zeitraum

Ein beliebiger Tag
= 1440 Minuten

Die vergangene Woche
= 168 Stunden

Ein beliebiger Monat
= 720 Stunden

Ein beliebiges Jahr
= 8760 Stunden

Zehn Lebensjahre
= 520 Wochen

Aktivitäten

1 Erholung – Schlaf – Entspannung – Freizeit

2 Arbeit – Beruf – Lebensunterhalt

3 Ausbildung – Lernen – Training

4 Familienbeziehungen – Freunde – Geselligkeit

5 Ausfallzeiten – Fahrtzeiten – Reinigung

Wählen Sie einen der angegebenen Zeiträume aus. Entscheiden Sie sich zum Beispiel für einen beliebigen Tag. Ihnen stehen 1440 Minuten zur Verfügung. Wie verwenden Sie diesen Vorrat? Gliedern Sie Ihre Aktivitäten in die angegebenen fünf Gruppen auf. Legen Sie sich in der Tabelle auf der nächsten Seite Rechenschaft ab:

Betrachten Sie jeden Zeitraum unter drei Gesichtspunkten: Beginn – Ende, Dauer, Prozent des Vorrats (Anzahl an Minuten, Stunden, Wochen). Beschreiben Sie Ihre verschiedenen Aktivitäten unter je einer Gruppe. Das sind die sechs Spalten dieser Tabelle. Notieren Sie Ihr Beispiel ›Ein beliebiger Tag‹ in dieser Weise auf einem Blatt Papier.

Dann kommt der wichtigste Schritt: Addieren Sie Dauer und Prozent des Vorrats für jede Aktivitätengruppe zusammen: So erhalten Sie einen Überblick über die Verhältnisse Ihrer Aktivitäten in dem behandelten Zeitraum untereinander und zum genannten Zeitraum.

Zeitraum				Aktivitäten	
Beginn	Ende	Dauer	% des Vorrats	Gruppe	Bezeichnung

Das ist eine Möglichkeit, Zeitpläne für Ihre zurückliegenden, gegenwärtigen oder zukünftigen Zeit- und Erlebnisräume aufzustellen. Gewöhnen Sie sich daran, gerade die vor Ihnen liegenden Zeiträume in dieser Weise zu planen. So können Sie abschätzen, wie groß Ihre festen zeitlichen Bindungen und Ihre Freizeit künftig sein werden.

47. Drehscheiben

Spielen Sie doch mal mit einer Kreisscheibe: ein Viertel gefüllt und drei Viertel frei. Am besten, Sie schneiden sich diese Scheibe aus Karton. Probieren Sie nun, wie oft Sie Ihre Scheibe nacheinander in vier verschiedene Positionen legen können. Zeichnen Sie jede Viererkombination auf. Probe: Alle vier Teile müssen einen vollen Kreis ergeben. Links sehen Sie 22 Möglichkeiten, aber unsystematisch angeordnet. Welche zwei sind doppelt, welche fehlen? Rechts sehen Sie es systematisch: Für jede Viertelscheibe steht da eine Zahl.

1	2	3	4

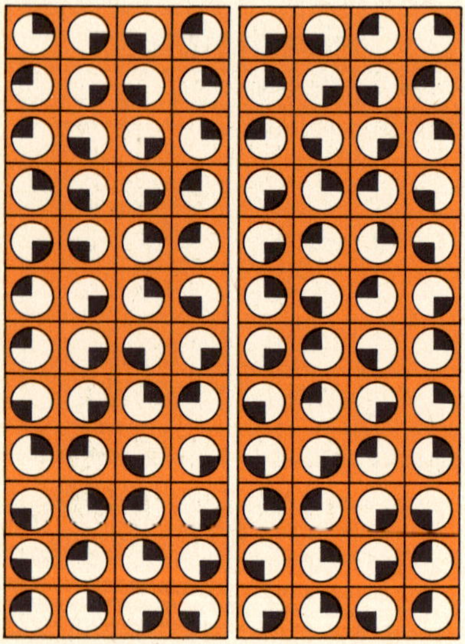

1	2	3	4
1	2	4	3
1	3	2	4
1	3	4	2
1	4	2	3
1	4	3	2
2	1	3	4
2	1	4	3
2	3	1	4
2	3	4	1
2	4	1	3
2	4	3	1

3	1	2	4
3	1	4	2
3	2	1	4
3	2	4	1
3	4	1	2
3	4	2	1
4	1	2	3
4	1	3	2
4	2	1	3
4	2	3	1
4	3	1	2
4	3	2	1

Mit diesem Spiel regen Sie Ihre optischen Einfälle ebenso an wie Ihre Kombinationsfähigkeit mit einfachen Figuren. Das brauchen Sie, wenn Sie ein Muster entwerfen, Ihr Zimmer neu einrichten oder ein Blumenbeet anlegen; wenn Sie entsprechende Aufgaben im Beruf zu lösen haben oder wenn Sie Ihren Freunden eine Knobelaufgabe stellen wollen.

Drei Figuren können Sie sechsmal verschieden gruppieren. Vier Figuren 24mal und fünf schon 120mal. Versuchen Sie es mit den folgenden, und zwar möglichst ohne Zahlenhilfe.

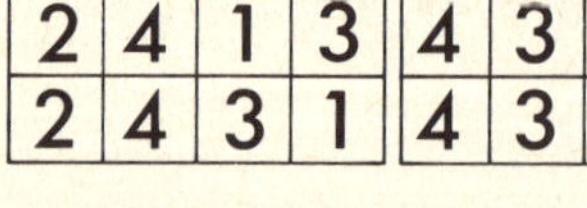

Creativität . . .

. . . ist die Fähigkeit, mit den Füßen auf dem Schreibtisch zu arbeiten. Diese Stellung ist nötig, weil der Denkapparat eines Creativen in solchen Höhen schwebt, daß er die Beine hochtun muß, um Verbindung zu halten.

Creative werden denn auch nicht mit einfachen Gehältern oder gar schnöden Löhnen abgespeist. Sie erhalten Bezüge, Honorare, Tantiemen, Vergütungen oder wie immer das umschrieben sein mag. Vermutlich soll der Eindruck vermieden werden, ein Creativer denke für Geld, geschweige denn an Geld. Als ob das was Schlimmes sei!

48. Checklist

Wenn Sie aus Erfahrungen lernen, sinnvoll planen und organisieren, wenn Sie Probleme richtig anpacken wollen, dann sollten Sie vorgehen wie ein Flugkapitän vor dem Start. Prüfen Sie Schritt für Schritt nach einer Checklist, was Sie interessiert. Nur: Sie müssen sich Ihre Checklist natürlich für jeden Fall neu anlegen.

Hier finden Sie einen Grundstock an Fragen. Wählen Sie aus, welche Sie bei Ihrem ersten Problem am besten verwenden können. Beantworten Sie dann jede für sich gewissenhaft und bezogen auf Ihre Gesamtfragestellung. Suchen Sie bei jeder Frage nach allen möglichen Antworten, es gibt immer mehrere. Fügen Sie neue Fragen ein, wo immer es geht.

Wann?
Wann nicht?
Warum?
Warum nicht?
Was?
Was nicht?
Durch was?
Durch was nicht?
Was für ein?

Was für ein nicht?
Was für eine?
Was für eine nicht?
Was für welche?
Was für welche nicht?
Wem?
Wem nicht?
Mit wem?
Woher nicht?

Womit?
Womit nicht?
Worin?
Worin nicht?
Worüber?
Worüber nicht?
Wovon?
Wohin?
Wohin nicht?

Wovon nicht?
Wozu?
Wozu nicht?
Mit wem nicht?
Wen?
Wen nicht?
Für wen?
Für wen nicht?
Wer?

Wer nicht?
Weshalb?
Weshalb nicht?
Wessen?
Wessen nicht?
Wie?
Wie nicht?
Wie sehr?
Wie sehr nicht?

Wie lange?
Wie lange nicht?
Mehr?
Nicht mehr?
Öfter?
Nicht öfter?
Weniger?
Nicht weniger?
Alle?

Nicht alle?
Keine?
Wichtig?
Nicht wichtig?
Wieder?
Nicht wieder?
Wie oft?
Wie oft nicht?
Wieviel?

Wieviel nicht?
Wieviele?
Wieviele nicht?
Wie weit?
Wie weit nicht?
Wo?
Wo nicht?
Woanders?
Nicht woanders?

Wodurch?
Wodurch nicht?
Wofür?
Wofür nicht?
Woher?
Schwerer?
Nicht schwerer?
Leichter?
Nicht leichter?

Voll?
Leer?
Zusammen?
Allein?
Mit?
Gegen?
Über?
Unter?
Durch?

Üben Sie zunächst einmal mit folgenden Problemfeldern das Fragen:

- Erfolg des letzten Urlaubs,
- Wochenendausflug mit Freunden,
- Anschaffung einer Fotokamera,
- Ehe- und Familienplan.

Und wie dem Flugkapitän wird Ihnen die Liste helfen, schwierige Aufgaben zu planen, zu organisieren und zu meistern.

49. Firmengründung

Heute sind Sie Ihr eigener Chef. Gründen Sie eine Firma. Überlegen Sie, welche Branche und welche Art von Geschäft Ihnen am besten gefällt. Studieren Sie den Wirtschaftsteil Ihrer Tageszeitung, damit Sie die allgemeine Marktsituation kennen. Dieses Übungsspiel zwischen Wunsch und Wirklichkeit regt Ihre Phantasie an und fördert die kreative Entfaltung Ihrer Fähigkeiten.
Gehen Sie so vor, wie unsere Aufgabenliste auf der nächsten Seite es zeigt. Jeder der 12 Punkte dort kann von Ihnen in mehrere Unterpunkte zerlegt werden. So bietet sich Ihnen eine Fülle von Entfaltungsmöglichkeiten.
Am meisten Spaß macht Ihnen dieses Planspiel natürlich, wenn Sie zusammen mit Freunden ein richtiges ›Sandkastenmodell‹ entwickeln. Es kann mit verteilten Rollen gespielt werden. Ihre Freunde übernehmen vorher bestimmte Aufgaben und Funktionen. Je ernster Sie das Spiel nehmen, desto mehr werden Sie in die Einzelheiten einsteigen.
Sie brauchen übrigens keine speziellen Kenntnisse für die Aufgabenliste: Das ganze ist ein Spiel, und Ihre Einfälle sind wichtiger als alles andere.

Vielleicht informieren Sie sich auch bei Freunden oder in einem Wirtschaftshandbuch über die wichtigsten Fragen, die Ihnen während des Spielens auftauchen. Wie gesagt: Sie sollten auch die Wirtschaftsmeldungen aufmerksam verfolgen. Dort erhalten Sie wertvolle Anregungen.

1. Erfinden Sie die **Rechtsform** Ihrer Firma und lassen Sie sich einen guten **Namen** einfallen.

2. Klären Sie die **Kapitalfrage:** Welche **finanziellen Mittel** stehen zur Verfügung, woher erhält sie Ihre Firma, und wie sieht der **Finanzplan** aus?

3. Beschreiben Sie den **Gegenstand** Ihrer Firma: Was wird **produziert?** Oder wird **gehandelt?** Oder verlegen Sie sich lieber auf **Dienstleistungen?**

4. An welchem **Ort** befindet sich Ihre Firma? Beschreiben Sie die **geografische Lage,** alle **Anschlüsse** und **Wege.**

5. Überlegen Sie sich die **baulichen Einrichtungen** Ihrer Firma gründlich: Welche **Anlagen, Gebäude,** welches **Inventar** benötigen Sie?

6. Überlegen Sie sich alles über Ihre **Mitarbeiter** mit Hilfe des **Organisationsplanes:** Welche **Funktionen** sind auszuüben, welche **Anforderungen** ergeben sich daraus. Wie hoch liegen die **Gehälter?** Welche **sozialen Leistungen** bieten Sie?

7. Suchen Sie sich Ihre **Geschäftspartner** sorgfältig aus: Überlegen Sie **Lieferanten,** sonstige **Zulieferer, Partner, Berater, Vertreter, Grossisten** und – last not least – Ihre **Kunden.**

8. Nun haben Sie alles beisammen für den **Organisationsplan: Ablauf** des Firmengeschehens, **Entwicklung** und **Zukunftspläne** sollten Sie deutlich aufzeichnen.

9. Und wie sieht Ihre Firma von außen aus? Welches Gesicht bietet sie? Planen Sie **Marktforschung, Public Relations** und **Werbung** bis ins kleinste.

10. Bestimmen Sie durch **Marktanalyse** die Zielgruppen Ihrer Firma, das **Firmenimage** und das **Produktimage.**

11. Planen Sie einzelne **Umfragen** und entwickeln Sie aufgrund der Ergebnisse Ihre **Marktstrategien.**

12. Entwerfen Sie **Produktnamen** und **Verpackung,** führen Sie **Werbeaktionen** durch, für die Sie **Werbeträger** und **Werbegestaltung** bestimmen und lassen Sie sich die besten **Slogans** einfallen.

50. Roboter

Mit dem Mondfahrzeug Lunochod ist ein Roboter Wirklichkeit geworden. Er hat aber wenig mit der Menschengestalt gemeinsam, die Roboter in der Phantasie vieler Krimi-Autoren erhielten. Trainieren Sie Ihre Roboterphantasie deshalb besser: Denken Sie sich zehn Roboter für verschiedene Zwecke und in unterschiedlichen Formen aus. Zum Beispiel:

Überlegen Sie sich für diese und für Ihre eigenen Roboter möglichst viele Fähigkeiten, Funktionen und Aufgaben.

- Wie groß, schwer, schnell ist er?
- Was kann er alles machen?
- Wie funktioniert er im einzelnen?
- Welche Zwecke erfüllt er?

Und nun versuchen Sie, jeden möglichst anschaulich zu zeichnen.

Zehntes Trainingsfeld

Unterstützen Sie Ihr Training durch die Umwelt, in der Sie leben, durch Ihre Beschäftigungen und durch einfallsreiche Freunde: Suchen Sie Abwechslungen und gestalten Sie das Neue ideenreich aus.

Stellen Sie sich unbeantwortbare Fragen. Erfinden Sie Unmögliches.

Vergessen Sie das Urteil anderer. Urteilen Sie selbst.

Sprechen Sie Ihre kühnste Idee heute noch aus – morgen ist sie nicht mehr neu.

Seien Sie anders als die anderen. Aber nicht um jeden Preis.

Beweglichkeit ist das einzige Prinzip, das Sie verfolgen dürfen.

Man muß manchmal mit Problemen leben, bevor man sie lösen kann.

51. Testkonstruktion

Versetzen Sie sich in die Rolle eines Testaufgabenkonstrukteurs. Dabei lernen Sie wichtige Aufbauprinzipien kennen, die Ihnen an anderer Stelle helfen können, Lösungen rasch zu finden. Nach der kleinen Einführung in die Aufgabenkonstruktion, die Sie im folgenden vorfinden, können Sie Ihren Freunden 10 bis 30 Aufgaben unterschiedlicher Schwierigkeit vorlegen. Sobald sie das Aufbauprinzip dann verstanden haben, fällt Ihren Bekannten die Lösung leicht.

Das Bauprinzip der Reihe A, B, C im oberen Bild ist:
Vierteldrehung von Feld A zu B, Vierteldrehung von Feld B zu C.
Das Bauprinzip der Reihe D, E, F ist:
Beliebiges Zeichen in D, beliebiges Zeichen in E, Addition (Übereinanderlegen) der Zeichen in D und E ergibt F.
Das Bauprinzip der Reihe G, H, I vereinigt das Prinzip der Drehung und der Addition.

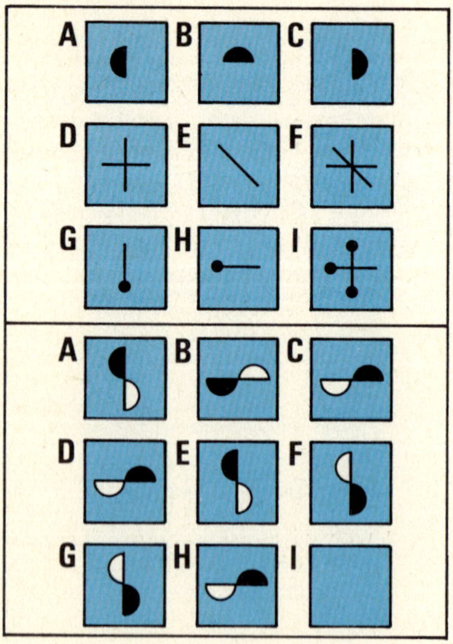

Erfinden Sie nun einige lustige Zeichen, bilden Sie mit ihnen Reihen und bitten Sie Freunde, diese Reihen nach dem Prinzip der Drehung oder Addition oder gleichzeitig nach beiden Prinzipien fortzusetzen. Dabei geben Sie nur zwei Felder vor und lassen das dritte dazu suchen. (Die Felder C, F und I sind hier ja nur als Beispiele gegeben.)

Im unteren Bild finden Sie ein Beispiel für ein etwas schwierigeres Aufbauprinzip. Hier folgen je drei waagrechte oder senkrechte Felder einem Prinzip, waagrecht dem Prinzip Dreiviertel-Drehung und Halb-Drehung, senkrecht dem Prinzip Viertel-Drehung und Viertel-Drehung. Feld I kann man ohne Hilfe hinzeichnen, wenn man das Prinzip aus der Zeichenverteilung in den Feldern A bis H erkannt hat.
Lösung zum unteren Bild: Wie Feld H und halbe Drehung.

52. Wortschlangen

Kreative Menschen verfügen im allgemeinen über einen großen Wortschatz. Damit haben sie zugleich ein reichhaltiges Reservoir von Assoziationen. Wekken Sie die Wörter und Assoziationen, die in Ihnen schlummern, aus ihrem Dornröschenschlaf auf. Nur durch ein ständiges Konditionstraining halten Sie Ihre Gedanken abrufbereit. Hier sind einige Spiele, die Ihnen dabei helfen:

1. Spiel
Suchen Sie zwei Wörter mit je vier Buchstaben. Es dürfen keine Buchstaben gemeinsam vorkommen. Wählen Sie also z. B. Glas und Duft. Ersetzen Sie nun immer einen oder zwei Buchstaben durch einen oder zwei andere und überführen Sie so das eine Wort in das andere. Hier ein Beispiel: Glas – Grat – Brot – Boot – Bart – Taft – Duft.

Dieses Kreativitätsspiel können Sie auch mit Freunden spielen. Dabei wählen Sie und Ihr Partner je zwei Wörter aus, schreiben sie auf einen Zettel und tauschen dann die Reizwörter aus. Wer vollendet dann zuerst seine Wortschlangen? Bei Wörtern mit fünf, sechs und sieben Buchstaben darf zusätzlich die Buchstabenanordnung verändert werden.

Zum Beispiel:

F L A G G E
F R A G E N
B R A T E N
B L A S E N
B A L K O N
B A R K E N
K R A G E N

2. Spiel
Denken Sie sich ein Wort mit fünf Buchstaben. Trennen Sie nun die beiden letzten Buchstaben dieses Wortes ab und suchen Sie ein anderes, das mit diesen beiden Buchstaben in derselben Reihenfolge beginnt. Bilden Sie nach diesem Muster eine Reihe von etwa 20 Wörtern.

Zum Beispiel:

M O T O R
O R G E L
E L F E N
E N K E L
E L F E R
E R B S E
S E S A M
A M P E L

Nun sind Sie gut vorbereitet für die nächste Spielphase. Merken Sie sich zwei Wörter und erfinden Sie eine Reihe von Wörtern unterschiedlicher Länge, die die beiden verbindet. Ein Beispiel: Startwort: **Telefon,** Zielwort: **Orakel.**
Telefon – Onkel – Elite – Teppich – Chor – **Orakel.**

Spielen Sie mit Freunden zusammen. Sie versuchen gemeinsam, eine Reihe zu entwickeln und zu zählen, wie viele Wörter jeder beigesteuert hat. Sonst gibt Ihnen Ihr Partner vielleicht das Startwort ›Wort‹ und mit den Buchstaben RT können Sie nicht mehr aus dem Startloch.

53. Strukturwerte

Die heimliche Hauptstadt der Bundesrepublik – München – lockt nach wie vor Umzugswillige an. Vertiefen Sie sich in wichtige Zahlen über München. Sie trainieren so, Informationen über einen komplexen Sachverhalt zu verarbeiten. Dazu liegt Ihnen ein kleines Angebot von Statistiken vor, aus denen Sie besonders interessante Zahlen herauspicken können. Interpretieren Sie, soweit möglich, besonders auch die Entwicklung in den verschiedenen Bereichen und stellen Sie Beziehungen zwischen den verschiedenen Zahlen her. Ein Tip: Besonders aufschlußreich ist es, die Häufigkeit von Kinobesuchern in bezug auf die steigende Einwohnerzahl zu analysieren.

Strukturdaten der Stadt München

Merkmale	Jahre		
	1967	1968	1969
Einwohner am Jahresende	1244237	1279405	1326331
Lebendgeborene – Deutsche	15063	14191	12421
– Ausländer	1597	1562	1732
Besucher im – Hallenbad	1869245	1841001	1832658
– Freibad	–	1220993	1721058
Besucher in – Lichtspieltheatern	8772000	7654000	7149000
– Deutsches Museum	656636	741981	847064
– Alte Pinakothek	284953	262778	257161
Fremdenübernachtungen	–	3362707	3497927
Neubauwohnungen insgesamt	14536	15098	14363
Preisindex dazu	114,3	119,2	125,3
Kraftfahrzeugbestand (PKW)	262138	274389	290566
Müllanfall (in cbm)	1843000	2000000	2224000

Soweit Sie Zeit finden, stellen Sie Vergleiche an. Sammeln Sie zusätzlich Informationen über München aus den verschiedenen Publikationen und dem Statistischen Jahrbuch der Stadt München. Verdichten Sie damit Ihr Informationsnetz über München und spüren Sie den gegenseitigen Abhängigkeiten der Zahlen nach.

Der ordentliche Haushalt der Stadt München: Ausgaben in % 1969	
Bereiche	Ausgaben
Allgemeine Verwaltung	5,5
Öffentliche Sicherheit und Ordnung	7,0
Schulen	14,2
Kultur	2,6
Soziale Angelegenheiten	9,5
Gesundheitspflege	14,6
Bau- und Wohnungswesen	13,6
Öffentliche Einrichtungen, Wirtschaftsförderung	14,5
Wirtschaftliche Unternehmen	3,3
Finanzen, Steuern	15,2

Zusätzliche Vergleiche mit den Strukturdaten anderer Städte machen darüber hinaus die besondere Situation Münchens in bestimmten Bereichen sichtbar. Die folgenden Fragen können Ihnen vielleicht als Ausgangsbasis dienen: Wie oft besucht ein Münchner durchschnittlich im Jahr ein Hallenbad? Andere Einrichtungen? Wie viele Haushalte gibt es in München? Wie viele Einwohner besitzen ein Auto? Wie viele Millionen DM sind 1969 für Schulen ausgegeben worden?

Gehen Sie nun einen Schritt weiter. Wählen Sie einen komplexen Sachbereich aus, den Sie schon lange genau durchleuchten wollten und der zugleich Ihre Interessen anspricht. Versuchen Sie,

München im Städtevergleich (Bevölkerung) am 31.12.1969	
Stadt	Einwohner
Berlin (West)	2134256
Hamburg	1817122
München	1326331
Köln	864754
Essen	702615

Zahlen über diesen Bereich ausfindig zu machen. Je mehr Zahlen es sind, desto besser. Nur eine reichhaltige Information kann Sie zu einer sachlich richtigen Analyse anregen.

Untersuchen Sie darüber hinaus:

- Inwieweit Sie selbst, Ihre Familie und Freunde durch den untersuchten Sachbereich beeinflußt werden. Ziehen Sie daraus Konsequenzen für Ihr Verhalten.
- Inwieweit diese Entwicklung in naher Zukunft Ihre Lebensbedingungen verändern wird. Stimmen Sie auch unter diesem Aspekt Ihre Zukunftspläne untereinander ab.

54. Phantasiemaschinen

Viele Maschinen sind so kompliziert gebaut, daß die uns nur ungenau bekannten Bauprinzipien gute Ausgangspunkte für kreatives Denken sind. Alles bis ins letzte festgelegte Anregungsmaterial ist demgegenüber ungeeignet, Einfälle hervorzurufen. Tasten Sie deshalb bei einigen Maschinen ruhig ein wenig im dunkeln und lassen Sie sich durch diese mehrdeutigen Anregungen inspirieren.
Beginnen Sie mit einem Blick auf die verschiedenen Maschinen, die Bauprinzipien und wichtigsten Funktionen in der linken Spalte. Wählen Sie dann drei bis fünf wichtige Teile von verschiedenen Maschinen aus und bauen Sie diese Teile zu einer Phantasiemaschine zusammen. Geben Sie der Maschine einen Namen, notieren Sie, von welchen Maschinen Sie Anregungen aufgenommen haben, und skizzieren Sie, welche Aufgaben diese Maschine gut lösen könnte. Zwei Beispiele finden Sie schon vor.
Versuchen Sie, 10 bis 20 derartige Phantasiemaschinen auszuknobeln.

Maschinen
1 Uhr
2 Fahrrad
3 Bagger
4 Flugzeug
5 Dampfwalze
6 Raupe
7 Schiff
8 Lastwagen
9 Rakete
10 Tachometer
11 Gebläse
12 Presse
13 Nähmaschine
14 Sortiergerät
15 Zentrifuge
16 Bohrmaschine

Phantasiemaschinen		
Name	Teile von Maschinen	Zweck
Wühlwespe	3, 4, 14	gräbt, fliegt, sortiert
Luftlochstrampler	2, 4, 16	fliegt, bohrt, fährt

55. Motivforscher

Alle Verhaltensweisen und Handlungen der Menschen haben einen Grund. »Warum handelt er so und nicht anders« ist die Frage, die Motivforscher stellen. Werden Sie Motivforscher. Üben Sie zunächst an sich selbst. Beobachten Sie ein bestimmtes Verhalten und fragen Sie »Warum mache ich das?«
In der folgenden Übersicht sind einige Bereiche aufgeführt, die von Ihnen in einer ruhigen Stunde analysiert werden sollten. Suchen Sie jeweils mindestens die drei wichtigsten Motive für ein spezielles Verhalten. Gehen Sie dann, nach der Eigenanalyse, auf Motivsuche bei Ihren nächsten Freunden, Bekannten und Kollegen. In der Tabelle ist ein Beispiel gegeben für mögliche Motive Ihrer Freundin – ersetzen Sie diese durch die tatsächlich gegebenen Motive. Bleiben Sie bei der Analyse nicht stehen. Ziehen Sie Konsequenzen aus Ihren Ergebnissen. Überlegen Sie: Wie wirkt sich dieses, bei einem bestimmten Menschen vorliegende Motiv in zwei Jahren aus?
Ein kleiner Ausflug in die Politik unter diesem Aspekt gibt Ihnen neue Argumente für die Diskussion. Warum verhält sich ein bestimmter Staat in einer bestimmten Situation zu einer bestimmten Zeit gerade so? Analysieren Sie auch hier die Motivbündel (der nächste Schritt wäre: die Motive der Motive). Nun werden Ihre Ansichten überzeugen.

Bereich	Spezielles Verhalten	Erstes Motiv	Zweites Motiv	Drittes Motiv
Beruf				
Wohnung				
Finanzen				
Urlaub				
Freizeit				
Hobby				
Sport				
Interessen				
Freund				
Freundin	Streicheln	Liebe	Heiratsabsicht	Sicherheit
Chef				
Kollegen				
Bekannte				
Verwandte				

56. Mengentausch

Alle reden von der Mengenlehre. Dieses junge Kind der neueren Mathematik lernen gegenwärtig schon Fünfjährige kennen und finden viel Spaß daran. Dabei erfahren sie, wie man Dinge genau bezeichnen kann, welche Merkmale Dinge haben und welche nicht und ob sie gemeinsame Merkmale mit anderen Dingen haben.

Auf der rechten Seite finden Sie das Ausgangsmaterial für Ihre Überlegungen. Denken Sie sich bitte in jedes der 120 Tabellenfelder je ein anderes Auto. Diese Autos unterscheiden sich entsprechend den Bezeichnungen in der Zeilen- und Spaltenaufteilung. P bedeutet die Preisgruppe, F die Fahreigenschaften, G die Geschwindigkeiten, S Sportwagen oder Limousine. Im einzelnen:

P_1 – Preisgruppe 4000– 6000 DM
P_2 – Preisgruppe 6000– 8000 DM
P_3 – Preisgruppe 8000–12000 DM
P_4 – Preisgruppe 12000–16000 DM
P_5 – Preisgruppe 16000–24000 DM
F_1 – Fahreigenschaft vorzüglich
F_2 – Fahreigenschaft sehr gut
F_3 – Fahreigenschaft gut
F_4 – Fahreigenschaft befriedigend
G_1 – Geschwindigkeit 140 km/h
G_2 – Geschwindigkeit 140–170 km/h
G_3 – Geschwindigkeit 170–200 km/h
S_1 – Sportwagen
S_2 – Limousine

Merken Sie:
Menge ist eine Zusammenfassung von beliebigen Dingen, die durch bestimmte Merkmale gekennzeichnet ist, nicht durch ihre Anzahl. Benutzen Sie jetzt diese Spielregeln, um verschiedene Beschreibungen derselben Menge auszuprobieren.

Das Auto des ersten Tabellenfeldes hat entsprechend dieser Einteilung die Eigenschaften P_1, F_1, G_1, S_1, das Auto des letzten Tabellenfeldes die Eigenschaften P_5, F_4, G_3, S_2.
Wählen Sie nun einige Mengen von Autos aus, die für Sie, Ihre Freunde oder Bekannten in Frage kommen. Entscheiden Sie sich für acht möglichst verschiedene Mengen von Autos. Zum Beispiel die Autos mit den Eigenschaften P_2, F_2, S_1 oder die Autos mit den Eigenschaften P_1 und P_2, F_1.
Kennzeichnen Sie nun dieselben acht Mengen von Autos in anderer Weise. Verwenden Sie dazu eine neue Verbindung zwischen den Mengen, neben dem oben schon benutzten ›und‹: das Wörtchen ›ohne‹. Die erste der oben als Beispiel genannten Mengen heißt dann: P_2; ohne F_1, F_3, F_4; ohne S_2. Versuchen Sie auch Kombinationen mit den Worten ›und‹ und ›ohne‹. Beschreiben Sie so jede der 8 Automengen fünfmal in anderer Weise.
Für Supertrainer: Entwickeln Sie andere Mengen, zum Beispiel von Personen, Häusern oder Tieren. Bilden Sie ebenso wie mit den Autos verschiedene Mengen.

		F1		F2		F3		F4	
		S1	S2	S1	S2	S1	S2	S1	S2
P1	G1								
	G2								
	G3								
P2	G1								
	G2								
	G3								
P3	G1								
	G2								
	G3								
P4	G1								
	G2								
	G3								
P5	G1								
	G2								
	G3								

Spiel 6: Defi-Spiel

Liebe
Freude
Kuß
Spiel
Anziehung
Ekstase
Hoffnung
Mitleid
Heimlichkeit
Treue
Zärtlichkeit
Kraft

Spielregel ➧

Stolz
Mut
Vertrauen
Einsamkeit
Abschied
Fleiß
Gewohnheit
Ausdauer
Freundschaft
Hast
Spannung
Ernst

So spielen Sie das Defi-Spiel:

An diesem Spiel können beliebig viele Mitspieler teilnehmen. Voraussetzung ist aber: Es müssen weibliche und männliche Mitspieler sein.

- Legen Sie das Buch in die Mitte des Tisches. Das Spielhaus ist aufgeschlagen.
- Männliche und weibliche Mitspieler werfen abwechselnd eine Münze über dem Buch so in die Höhe, daß sie auf das Buch oder daneben auf den Tisch fällt.
- Wenn die Münze auf die Damenseite fällt, definiert (und beschreibt) die erste der anwesenden Damen einen der Begriffe auf dieser Seite auf konkrete (= Zahl) oder auf abstrakte (= Kopf) Weise und begründet diese Definition, so daß alle Anwesenden zustimmen.
- Wenn die Münze auf die Herrenseite fällt, definiert (und beschreibt) der erste der anwesenden Herren einen der Begriffe auf dieser Seite auf konkrete (= Zahl) oder auf abstrakte (= Kopf) Weise und begründet diese Definition, so daß alle Anwesenden zustimmen.
- Die kürzeste und treffendste Definition wird prämiert, und wer nach 30 Minuten die meisten Prämien besitzt, gewinnt die Spielrunde.

Elftes Trainingsfeld

Ihre Kreativität setzt Leistungen voraus. Das haben Sie sicher schon bemerkt. Kreative Ideen wollen erarbeitet und oft bis in alle Einzelheiten ausgearbeitet sein. Üben Sie deshalb Ihre Ausdauer im Training gleich mit.

Passen Sie sich an – aber nur Ihrer eigenen Vorstellungskraft.

Manchmal gibt es ein großes Problem. Zerlegen Sie es in viele Lösungen.

Nutzen Sie Erfahrungen, aber vermeiden Sie Klischees.

Keine Experimente . . . Diesen Satz dürfen Sie getrost vergessen.

Stellen Sie sich jeder Diskussion. Lernen Sie von anderen.

Schauen Sie Ihre Umwelt an. Sie birgt tausend Ideen.

57. Nonsenseapparat

In dieser Zeichnung können Ihre Blicke spazierengehen. Versuchen Sie, allen technischen Verbindungen zu folgen. Lassen Sie dabei Ihre eigenen Einfälle zunächst einmal außer acht.
Versuchen Sie dann, selbst ungewöhnliche Kombinationen zu erfinden. Nonsense ist hier zwar Trumpf. Doch gerade das ist die Devise beim Brainstorming.
Vergessen Sie alle Gewohnheiten. Geben Sie den Dingen einen anderen Verwendungszweck. Improvisieren Sie. Mit einem Zeichenstift und einem großen Blatt Papier können Sie einen noch verrückteren Apparat konstruieren. Verbinden Sie darin wichtige Einzelteile verschiedenster Maschinen und Geräte zu neuen Zwecken miteinander. Genauso wie hier, bei der Scheitelnachziehmaschine.
Wie wäre es zum Beispiel mit einer

- Bierflaschenöffnungsundeingießmaschine,
- Stimmungsaufhellundlachmaschine,
- Nagelschneideundpoliermaschine,
- Imbettleseundumblättermaschine,
- Schuhputzundanziehmaschine,
- Brotabschneideundaufstreichmaschine,
- Weckerstellundaufweckmaschine?

Sie üben gerade das, was Ihre Kreativität trägt: Technisches Verständnis zusammen mit naiver Bastelfreude. Denn: Wirklich kreative Einfälle entstehen nur auf dem Boden solider Beobachtungen und Kenntnisse. Zum Kreativen aber gehört gerade noch die Freiheit des Spielers, Vorhandenes mit spontanen Einfällen zu verknüpfen.

W
S
N
O

58. Symbole

Bearbeiten Sie Hinweisschilder für eine internationale Messe. Sprachbarrieren sollen Sie durch einfache Symbole überwinden. Erfinden Sie drei für jeden Zweck. Ihre Zeichen müssen eindeutig informieren und leicht einzuprägen sein. Versuchen Sie, das Wesentliche klar in optische Formen umzusetzen.

Internationale Erfindermesse	Pressebüro	Restaurant	Internationaler Erfinderverband
Öffnungszeiten	Fotografen	Café	Zollamt
Kasse für Eintrittskarten	Postamt	Imbißstand	Parkplatz PKW
Geldwechsel	Paketpost	Herrentoilette	Parkplatz LKW
Allgemeine Information	Taxistand	Damentoilette	Sauna
Reisebüro für Eisenbahn	Busstop	Telefon für Inland	Sportanlagen
Reisebüro für Flüge	Hotel-Reservation	Telefon für Ausland	Einkaufszentrum
Dolmetscher	Hotel 1. Klasse	Friseur	Garderobe
Organisationsbüro	Hotel 2. Klasse	Bad	Erste Hilfe

Setzen Sie dieses Spiel im Alltag fort. Vielleicht bieten sich Gelegenheiten an Ihrem Arbeitsplatz, in der Bus- oder Straßenbahnlinie oder an den Gegenständen, mit denen Sie umgehen: Stellen Sie die wichtigsten Informationen in einfachen Symbolen dar. Vielleicht zahlt sich dieses Spiel an Ihrem Arbeitsplatz einmal aus.

59. Zweckmäßigkeiten

Überlegen Sie doch mal, wann Sie zuletzt unzufrieden waren. Denken Sie über die Ursache gut nach. Dann fällt Ihnen vielleicht ein, wie man dieses Problem durch konstruktive Ideen hätte lösen können. Denn: Gute Einfälle bringen einen manchmal der Zufriedenheit näher. Trainieren Sie, damit Sie diese Erkenntnis in die Tat umsetzen können. Versuchen Sie für die folgenden Aufträge je drei ganz unterschiedliche Lösungen zu entwickeln, von der Idee über die Ausarbeitung bis zu einem realistischen Vorschlag. Beraten Sie Ihre Ergebnisse mit Freunden. Ihr Erfolg richtet sich danach, wie weit Sie Aufwand, Material, Durchführung und Zweckmäßigkeit Ihrer Lösung in ein günstiges Verhältnis zueinander bringen können.
Beginnen Sie in Ihrer eigenen Umgebung. Sie brauchen gar nicht lange nach dem ersten Entwicklungsauftrag zu suchen. Machen Sie sich nützlich. Ändern Sie. Verbessern Sie. Lassen Sie sich von dieser Liste leiten:

Ihre Wohnung
- Sinnvolle Mehrzweckmöbel fürs Kinderzimmer entwickeln
- Schutzvorrichtungen für Kinder vor Strom, Treppen und sonstigen Gefahren konstruieren
- Überraschungen zur Begrüßung Ihrer Freunde im Flur ausdenken
- Beleuchtungsanlage planen für den Fall, daß der Strom ausfällt

Umweltverschmutzung
- Einschränkung Ihres Müllvolumens.
- Einsparung überflüssiger Verpackungen
- Einschränkung des Waschmittelverbrauches
- Beseitigung des durch Sie verursachten Lärms

Gesellschaftliche Beziehungen
- Mit allen Freunden laufend Informationen austauschen
- Kurzfristiges Benachrichtigungssystem für alle Freunde suchen
- Einfaches System zu wirksamer Absprache und Abstimmung mit Nachbarn (Gemeinde) vorbereiten
- Wirksame politische Informationen und Entscheidungsvorbereitungen über bestehende Institutionen hinaus erlangen

Ihr Beruf
- Regelmäßige Informationen empfangen und verteilen
- Wichtige alltägliche Verrichtungen vereinfachen
- System für Verbesserungsvorschläge in Ihrem Betrieb entwickeln
- Aktion zur Unfallverhütung für Sicherheit am Arbeitsplatz starten

60. Prognosen

Die Zukunft hat schon begonnen. Auch die Ihre. Schreiben Sie sie auf. Die Ausgangspunkte für dieses scheinbar absurde Gedankenspiel sind Ihre Fähigkeiten, Wünsche und Pläne. Versuchen Sie sich auszudenken, was noch hinzukommen kann: Einflüsse, Zufälle, Chancen. Sie brauchen nur Phantasie und schreiben schon heute Ihre Memoiren.

1. Schildern Sie Ihre berufliche Situation im Jahre 1978.
2. Schildern Sie Ihre private Situation im Jahre 1980.
3. Schildern Sie Ihre Urlaubsreise im Jahre 1983.
4. Schildern Sie Ihre Interessen und Wünsche im Jahre 1986.
5. Schildern Sie Ihre Wohnung im Jahre 1988.
6. Schildern Sie Ihren Arbeitsplatz im Jahre 1990.
7. Schildern Sie eine Party mit Freunden im Jahre 1992.
8. Schildern Sie ein Wochenende im Jahre 1995.
9. Schildern Sie Ihre Wohnung im Jahre 1999.
10. Schildern Sie Erlebnisse im Ablauf des Jahres 2000.
11. Schildern Sie Ihre Freizeitbeschäftigungen des Jahres 2003.
12. Schildern Sie Ihre Erinnerungen im Jahre 2010.

Vorstellungskraft. (Vielleicht beerben Sie Rockefeller.) Sie lernen zu kombinieren und mögliche Ereignisse abzuschätzen.
Sie werden entdecken: Bei diesem Zukunftsspiel vergißt man, sich selbst allzu ernst zu nehmen.

61. Sprichwörter

Sammeln Sie Sprichwörter. Notieren Sie alle, die Ihnen in einer Woche einfallen. Je größer Ihre Sammlung wird, um so mehr Spaß wird es Ihnen machen. Und um so mehr wird es Sie anregen, selbst möglichst farbig und bildreich zu sprechen. Bedenken Sie, daß Gedanken Bilder sind. Untersuchen Sie jedes Sprichwort in Ihrer Sammlung

- auf seine Herkunft;
- auf das Bild, das es enthält;
- auf seine Bedeutung;
- auf den Bedeutungswandel, den es erlebt hat;
- auf seine Verwendung in der Alltagssprache;
- auf die Menschen, von denen es vorwiegend verwendet wird;
- auf die sprachliche Kraft, mit der es auf Sie wirkt.

Hier finden Sie die ersten Sprichwörter, um Ihnen den Anfang Ihrer Sammlung zu erleichtern:

- Auf einem Prinzip herumreiten.
- Den Mantel nach dem Winde kehren.
- Kein Wässerchen trüben.
- Auf die lange Bank schieben.
- Den Wald vor lauter Bäumen nicht sehen.

Mit dieser Sprichwortsammlung und mit der Analyse der einzelnen Sprichwörter beginnen Sie. Überlegen Sie noch andere Hilfen, mit denen Sie Ihre Sprache anschaulicher gestalten können. Bereichern Sie Ihre Vorstellungen und denken Sie plastischer mit Bildern, Vergleichen, lebhaften Beschreibungen und immer wieder mit vielen, vielen Beispielen: So groß wie – älter als – ebenso wie – viel lieber als – so lange wie . . . Vermeiden Sie Klischees. ›Dick wie ein Elefant‹, das kann jeder sagen.

Gewöhnen Sie sich daran, in Ihren Briefen und auch im täglichen Gespräch Ihren Einfällen und Gedanken Farbe aufzutragen. Bleiben Sie nicht bei den paar klassischen Sprichwörtern stehen. Prägen Sie selber neue – einfach indem Sie

- markante Eigenschaften prominenter Stars auf die Eigenheiten Ihrer Freunde und
- aktuelle Ereignisse und Schlagzeilen der Tagespresse auf Form und Inhalt Ihrer eigenen Erlebnisse übertragen.

62. Vokalstil

Erfinden Sie eine neue Sprache – exotisch und komisch zugleich. Unsere Tabelle ist der Schlüssel dazu. In dieser Tabelle stehen waagerecht nebeneinander in einer Reihe alle Vokale unseres Alphabets. Senkrecht untereinander in einer Spalte stehen die Konsonanten des Alphabets. In die offenen Felder des so entstandenen Rasters werden beliebige Wörter geschrieben. Sie behalten in unserer neuen Sprache ihren alten Sinn, bestehen aber nur noch aus einer Kurzformel von Vokal plus Konsonant. Das geht so: Lesen Sie statt des Wortes in der Tabelle den Konsonant der Reihe und den Vokal der Spalte, in denen das Wort steht. Ein Beispiel: Das erste Wort in der Tabelle links oben heißt ›aber‹. Links neben dem Wort steht der Konsonant b, über dem Wort der Vokal a. Es ergibt sich als Kürzel für das Wort »aber« die Silbe »ba«. Gehen Sie nach der gleichen Methode weiter vor.
Wenn Ihnen die 105 Wörter, die durch unsere Tabelle entstehen, nicht ausreichen, hängen Sie einfach für weitere 105 Wörter den Anfangskonsonanten noch einmal hinter den Vokal. Das ergibt bab, beb, bib, bob, bub usw. Sie können die Wörterzahl noch einmal vergrößern, wenn Sie an die entstandenen Laute noch einmal die Vokale anhängen: baba, bebe, bibi, bobo, bubu usw.
Voraussetzung für dieses Spiel ist, daß Sie Ihre Gedanken im Telegrammstil formulieren und auf Deklination und Konjugation verzichten. Bald werden Sie schon sagen: We li so ne (Ich lerne(n) sehr gut).

	a	e	i	o	u
b	aber	finden	kaufen	nach	teilen
c	alle	Freund	kennen	neben	tragen
d	arbeiten	für	kochen	nehmen	treffen
f	auch	geben	kommen	nicht	tun
g	auf	gebrau-chen	küssen	nun	um
h	Auto	gegen	lang	ob	uns
j	aus	gehen	leben	passen	unter
k	baden	gern	leer	reden	viel
l	Bahn	gleich	lernen	rufen	vom
m	Baum	groß	lieben	Sache	vor
n	Brot	gut	machen	sammeln	wegen
p	da	haben	mal	schlafen	wenn
q	dich	Haus	man	schwer	werfen
r	dir	heute	mehr	sehen	wieder
s	drei	hier	merken	sehr	wissen
t	du	hin	mich	sein	wollen
v	er	holen	mir	sich	zeigen
w	essen	ich	mit	sitzen	ziehen
x	etwas	in	mögen	stehen	zu
y	euch	ist	morgen	Straße	zu-sammen
z	fahren	jetzt	müssen	still	zwei

Zwölftes Trainingsfeld

Belohnen Sie sich selbst. Bald haben Sie dieses Buch zum ersten Mal durchgearbeitet. Erfüllen Sie sich spätestens jetzt einen Wunsch. Sie werden bald spüren, wie anregend das wirkt. Trainieren Sie deshalb weiter, bis es wieder etwas gibt.

Lösungen muß man suchen, aber nicht erzwingen.

Planen Sie im voraus, anstatt sich überraschen zu lassen.

Auch feste Begriffe sind Hypothesen. Vertrauen Sie ihnen nicht zu sehr.

Spielen Sie gleichzeitig mit vielen Ideen. Aber verzetteln Sie sich nicht.

Benutzen Sie Ihre Erfahrungen, um neue zu machen.

Es ist auch kreativ, noch einmal von vorn anzufangen.

63. Autobahnkreuz

Eine Fahrt über die Autobahn ist gewöhnlich eher langweilig als aufregend. Die Landschaft fliegt vorbei, der Fuß klebt am Gaspedal, es geht stur geradeaus. Halten Sie in Gedanken an interessanten Stellen, an Einmündungen und Kreuzungen. Üben Sie Ihre räumliche Vorstellungsfähigkeit und planen Sie verschiedene Kreuzungssysteme, an denen Gefahrenquellen möglichst vollkommen ausgeschaltet sind. Fangen Sie gleich an: Wie verbinden Sie die verschiedenen Autobahnen zweckmäßig durch Fahrspuren miteinander, so daß immer nur von rechts Zufahrten einmünden? Entwerfen Sie für jedes Bild vier Möglichkeiten und entscheiden Sie erst dann, welche die beste ist.

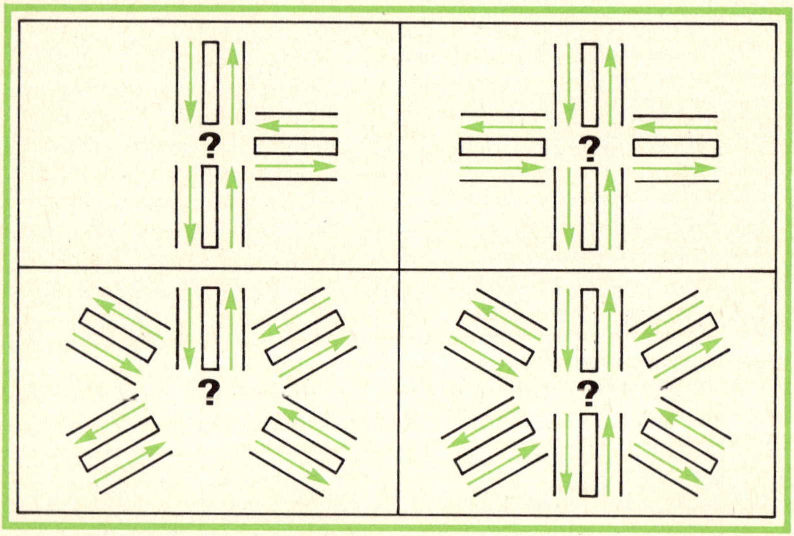

Folgende Zusatzbedingungen sollen Ihnen weitere kreative Ideen entlocken:

- Über- bzw. Unterführungen nicht nur auf zwei, sondern auch auf drei oder vier Ebenen;
- ohne Über- und Unterführungen auskommen, statt dessen jedoch Linkseinbiegungen einplanen.

64. Formeltips

Lesen Sie diese Aufgabe in einer ruhigen Minute. Sie werden dann sicher schnell eine gute Lösung finden. Bisher standen Sie immer vor einem Problem und sollten dafür den richtigen Ansatz zur Lösung suchen. Diesmal geht es umgekehrt. Hier sind Ihnen Formeln vorgegeben. Sie sollen das Problem dazu suchen. Ersetzen Sie in jeder Aufgabe die Buchstaben a und b durch beliebige Zahlen. Formulieren Sie dann eine Fragestellung – in jedem der vier Felder ist dazu ein Beispiel gegeben – und rechnen Sie dann x und y aus. Wenn Sie zusätzlich zu diesen vier Formeln noch einige weitere ausknobeln und durch Fragestellungen mit Sinn füllen, sind Sie im Training einen Schritt weiter.

Formel 1: $x = a \cdot b$
Sie wählen Zahlen für a und b, zum Beispiel 3 und 7.
Beispiel für eine Fragestellung: Michael teilt an drei Freunde je sieben Murmeln aus. Wie viele benötigt er?

Formel 2: $(a + x) \cdot x = b$
Sie wählen Zahlen für a und b, zum Beispiel 12 und 45.
Beispiel für eine Fragestellung: Zählt man zum Alter von Max das Alter von Eva hinzu und multipliziert dann mit dem Alter von Max, ergibt sich das Alter des Vaters. Wie alt ist Max, wenn Eva 12 und der Vater 45 Jahre alt ist?

Formel 3: $x^2 + 3x = a$
Sie wählen eine Zahl für a, zum Beispiel 180.
Beispiel für eine Fragestellung: Die Fläche von zwei Rasenstücken beträgt insgesamt 180 qm. Das eine der beiden ist quadratisch. Das andere ist rechteckig, drei Meter breit und ebenso lang wie die Seite des quadratischen Rasenstückes. Wie lang ist das Rasenstück?

Formel 4:
$$\begin{aligned} x + y &= a \\ x - 2y &= 0 \end{aligned}$$
Sie wählen eine Zahl für a, zum Beispiel 90.
Beispiel für eine Fragestellung: Die Herren Ix und Ypsilon tragen zusammen 90 kg. Ix trägt doppelt soviel wie sein Kollege. Wieviel trägt jeder?

65. Tabellenoptik

Zahlen sagen uns immer wieder etwas anderes, je nach dem Zusammenhang, in den wir sie stellen. Trainieren Sie, in denselben Zahlen immer wieder etwas anderes zu entdecken. Setzen Sie neue Beziehungen und erkennen Sie danach Ihre Umwelt differenzierter wieder. Hier geht es darum, einseitige Betrachtungsweisen zu vermeiden und Zahlenmaterial umzustrukturieren.
Die folgenden drei Tabellen 1, 2 und 3 bieten Ihnen Zahlenmaterial, das Sie verschieden zusammenstellen können. Drei Merkmale sind bei der Bevölkerung der Bundesrepublik zu unterscheiden: Bevölkerungszahl am 1. 1. 1969 und geschätzte Zahlen für den 1. 1. 1980 und den 1. 1. 1990, mehrere Altersgruppen und Geschlecht.

Tabelle 1: Bevölkerung 1.1.1969

Geschlecht	Alter	Anzahl
männlich	unter 15	7207
	15–20	2444
	20–30	3967
	30–40	4375
	40–50	3412
	50–60	2729
	60–65	1592
	über 65	2990
weiblich	unter 15	6864
	15–20	2331
	20–30	3678
	30–40	4049
	40–50	4216
	50–60	3755
	60–65	2094
	über 65	4760

Tabelle 2: Bevölkerung 1.1.1980

Geschlecht	Alter	Anzahl
männlich	unter 15	7461
	15–20	3070
	20–30	3851
	30–40	4059
	40–50	4194
	50–60	3211
	60–65	864
	über 65	3343
weiblich	unter 15	7051
	15–20	2906
	20–30	3628
	30–40	3860
	40–50	4048
	50–60	4020
	60–65	1321
	über 65	5749

Tabelle 3: Bevölkerung 1.1.1990

Geschlecht	Alter	Anzahl
männlich	unter 15	8017
	15–20	2975
	20–30	4698
	30–40	4213
	40–50	3824
	50–60	3847
	60–65	1487
	über 65	2810
weiblich	unter 15	7572
	15–20	2791
	20–30	4421
	30–40	4022
	40–50	3772
	50–60	3869
	60–65	1762
	über 65	5313

Tabelle 4: Bevölkerungsentwicklung nach Alter und Geschlecht				
Alter	Geschlecht	Anzahl 1969	Anzahl 1980	Anzahl 1990
unter 15	männlich weiblich	7207 6864	7461 7051	8017 7572
15–20	männlich weiblich	2444 2331	3070 2906	2975 2791
20–30	männlich weiblich	3967 3678	3851 3628	4698 4421
30–40	männlich weiblich	4375 4049	4059 3860	4213 4022
40–50	männlich weiblich	3412 4219	4194 4048	3824 3772
50–60	männlich weiblich	2729 3755	3211 4020	3847 3869
60–65	männlich weiblich	1592 2094	864 1321	1487 1762
über 65	männlich weiblich	2990 4760	3343 5749	2810 5313

Vergleichen Sie die beiden Tabellentypen miteinander (Tabelle 1–3 und Tabelle 4). Analysieren Sie, worin sie sich unterscheiden. Der Informationswert der beiden Tabellen ist gleich. Unterschiedlich ist jedoch die Art, in der Sie Werte der Tabellen vergleichen können. Schreiben Sie auf, welche Vergleiche bei den verschiedenen Tabellen leicht möglich sind. Bitte lesen Sie erst weiter, sobald Sie einige Unterschiede gefunden haben.

Diese sollten Sie gefunden haben:

- In den Tabellen 1–3 kann man gut die Bevölkerungszahl nach Altersgruppen ablesen.
- In der Tabelle 4 kann man gut das Geschlecht und die verschiedenen Altersgruppen für männliche oder weibliche Personen ablesen.

Gehen Sie von diesen Informationen aus, und bauen Sie die Tabellen so um, daß der für Sie interessante Vergleich leicht möglich ist. Dazu können Sie die Kopfspalten immer wieder umstellen.

Wesentlich mehr Möglichkeiten, Tabellen lesbarer zu gestalten, haben Sie, wenn ein Zahlenmaterial nach vier Merkmalen aufgeschlüsselt ist. Suchen Sie ein entsprechendes Beispiel und verändern Sie auch hier den Aufbau der Tabelle. Sie können auch durch Additionen die Tabelle verkürzen. Zählen Sie einfach die Zahlen jenes Merkmals zusammen, das Sie vernachlässigen möchten, zum Beispiel ›männlich‹ und ›weiblich‹ in Tabelle 4. So erhalten Sie wieder eine neue Information. Nüchterne Zahlen können so lebendig werden.

66. Aufgabenvariation

Testen Sie Ihre Kreativität. Betrachten Sie die Aufgabenreihen in diesem Buch als Ausgangspunkte für neue Aufgaben. In den meisten Trainingsspots war Ihr Freiheitsspielraum groß – immer jedoch beschränkt auf eine konkrete Aufgabenstellung, in deren Bereich Sie Ideen suchten. Stellen Sie sich nun Ihre Aufgaben selbst, setzen Sie sich über alle einengenden Grenzen hinweg und benützen Sie die Informationen dieses Buches nur noch als Assoziationsmaterial. Arbeiten Sie an den folgenden Superaufgaben täglich möglichst fünf Minuten.

1. Typ der Superaufgaben:

- Schreiben Sie auf, in welchen Bereichen Sie selbst kreativ sein sollten. Anregungen für diese Liste finden Sie zwischen den verschiedenen Aufgabenreihen. Lassen Sie sich inspirieren und erweitern Sie die Liste von Tag zu Tag um fünf Aufgabenfelder.
- Suchen Sie für jedes Aufgabenfeld Ihrer Liste ein bis drei Lösungen und realisieren Sie die beste von ihnen.
- Blättern Sie die Aufgaben dieses Buches durch, wenn Sie für Probleme kreative Lösungen suchen. Sie werden Anregungen finden, die Sie in eine gute Lösung Ihres Problems umwandeln können.

2. Typ der Superaufgaben:

Leisten Sie sich ungewöhnliche Gedanken. Kombinieren Sie verschiedene Aufgabenreihen und entwickeln Sie daraus neue Anregungen. Dafür einige Beispiele:

- Laden Sie eine Gruppe von Freunden ein nach der Methode, wie wir sie in der Aufgabenreihe »Freundschaftskreise« angeregt haben. Spielen Sie mit ihnen einige Aufgaben des Kreativitätstrainings durch.
- Benutzen Sie die Methodik der Bewertung aus der Aufgabenreihe »Charakterspektrum«. Bewerten Sie nach diesem Modell Pläne, die Sie in der Aufgabenreihe »Ablauf« selbst entwickelt haben.
- Entwerfen Sie Ornamente (siehe die gleichnamige Aufgabenreihe) unter freier Verwendung der Aufgabenreihe »Konsequenzenanalyse«. Entwickeln Sie immer differenziertere Muster, die die früheren Ornamente in sich schließen.

67. Kunsttiere

Der Zentaur, ein Fabelwesen aus Menschenhaupt und Pferdekörper, bietet ein Modell kreativen Denkens. Dinge, die sonst nicht zusammengehören, werden miteinander verknüpft. Daraus entsteht etwas Ungewöhnliches, Überraschendes. Nehmen Sie diese Anregung auf und schaffen Sie neue Tiere. So wird's gemacht: Schlagen Sie drei verschiedene Trainingsfeldeinleitungen auf und notieren Sie jeweils die ersten sieben Buchstaben eines Kreativitätsimpulses. (Das sind jeweils die Merksätze in den Ellipsen.) Bilden Sie dann aus den dreimal sieben Buchstaben drei Tiernamen. Dabei können Sie beliebig viele Buchstaben weglassen, aber nur zwei frei ergänzen. Dann zeichnen Sie aus diesen drei Tieren ein anderes, ein Phantasietier. Ein Tier gibt dem neuen zum Beispiel den Kopf, das zweite den Rumpf, das dritte die Beine. Zwei Beispiele für diesen Zoo der Phantasietiere finden Sie unten gezeichnet vor. Aus je drei Kreativitätsimpulsen sind die Buchstabengruppen ›stellen, fordern, Unruhe‹ und ›warten s, keine ex, beweglı‹ entnommen. Die erste Buchstabengruppe führt zu den Tieren ›Esel, Reh, Hund‹, die zweite zu ›Rabe, Ente, Eber‹. Diese drei Tiere sind jeweils zu einem neuen Phantasietier kombiniert. Ihre Namen sind hier Esrend und Rateb.

Konstruieren Sie so etwa 20 Tiere und geben Sie ihnen jeweils einen Namen, der einen bis zwei Buchstaben jeder der drei Tiere enthält, die Sie in die Zeichnung einbezogen haben.

68. Suchbilder

In jeder psychologischen Testkiste finden sich Farbtafeln, die der Proband deuten soll. Die Frage des Testleiters dazu lautet: »Was könnte das sein?« Die ersten Deutungen kommen meist sehr schnell, dann werden originelle Antworten immer seltener.
Versuchen Sie bei den drei folgenden Tafeln möglichst je zehn Antworten zu finden, die kreativ sind. Suchen Sie so lange, bis Sie Deutungen auf dem Papier stehen haben, die Sie keinem anderen Menschen zutrauen. Besonders interessant ist dieses Spiel, wenn Sie es mit Freunden und Bekannten zusammen spielen. Meist versucht jeder, sich als Ideenvulkan zu beweisen. Gleichzeitig hört er als Anregung die spontanen Einfälle der Mitspieler.

Versuchen Sie Ihr kreatives Verhalten zu intensivieren. Deuten Sie ebenso:
Wolkenbilder,
Baumäste und -wurzeln,
schmiedeeiserne Gitter und
farbige, selbst hergestellte Kleckse.

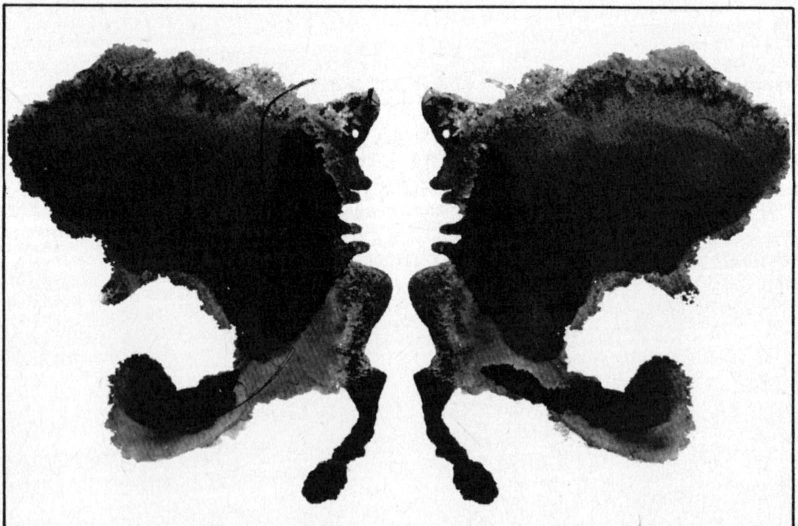

Trainingsplan 1: Spontantraining

Dies ist ein Trainingsplan, in dem die täglichen Aufgabenreihen für Sie zusammengestellt sind. Trainieren Sie an 30 Tagen in sechs Wochen, montags bis freitags je etwa 30 Minuten. An jedem Wochenende spielen Sie mit Freunden ein anderes Spiel. Die Nummern in den Feldern geben die täglichen Aufgabenreihen an. Beschäftigen Sie sich mit jeder nicht länger, als in der Titelzeile angegeben ist. Nach Ihrem ersten Sechswochentraining haben Sie jede Aufgabenreihe einmal durchgearbeitet, aber sicher noch nicht endgültig gelöst. Dieser Plan soll Sie mit der Idee des Trainings vertraut machen und Sie anregen, sich mit den eigenen kreativen Anlagen auseinanderzusetzen.

	Mo	Di	Mi	Do	Fr	Wochenende
1.Woche	1 3	2 5	6 4	7 9	8 11	Spiel 1
2.Woche	10 12	13 14 15	16 18	17 19	20 22	Spiel 2
3.Woche	21 23	24 26	25 27	28 29	31 32	Spiel 3
4.Woche	30 34	33 35	36 39	37 38 40	41 42	Spiel 4
5.Woche	43 45	44 47 48	46 50	49 51	52 54 55	Spiel 5
6.Woche	53 57 58	56 59 60	61 63 64	65 68	62 66 67	Spiel 6

Trainingsplan 2: Expansionstraining

Auch hier trainieren Sie an 30 Tagen in sechs Wochen, aber zweimal 20 Minuten täglich. Auch hier spielen Sie am Wochenende mit Freunden. Die Nummern der täglichen Aufgaben sind wieder in den Feldern angegeben. Beschäftigen Sie sich aber nur halb so lange mit jeder Aufgabe, wie in der Titelzeile angegeben ist. Sie müssen mit keiner fertig werden, auch wenn der Ehrgeiz Sie drängt. Hier kommt es vielmehr darauf an, daß Sie möglichst viele Anregungen in möglichst kurzer Zeit erhalten. Damit Sie Ihre kreativen Anlagen erweitern.

	Mo		Di		Mi		Do		Fr		Wochenende
1. Woche	1	3	2	6	4	5	8	11	7	10	Spiel 1 und 4
	45	63	47	66	50	33	39	52	41	58	
2. Woche	9	14	12	15	13	18	17	20	16	23	Spiel 2 und 5
	44	68	51	62	48	64	46	61	42	67	
3. Woche	19	24	22	32	21	29	25	30	28	31	Spiel 3 und 6
	54	56	37	65	57	59	55	60	49	53	
4. Woche	26	35	27	34	1	7	2	12	3	14	Spiel 2 und 6
	36	38	40	43	37	56	31	66	53	65	
5. Woche	4	9	7	13	5	20	8	29	6	32	Spiel 3 und 4
	44	59	46	57	39	64	40	42	41	63	
6. Woche	10	26	11	38	15	43	16	36	17	30	Spiel 1 und 5
	33	61	50	62	51	54	48	52	49	67	

Trainingsplan 3: Tiefentraining

An fünf Tagen in jeder Woche trainieren Sie Ihre Kreativität in einem Schwerpunkt. In sechs Wochen beschäftigen Sie sich mit diesen sechs Schwerpunkten:

1. Einfallsreichtum und Wendigkeit
2. Anschaulichkeit und Vorstellungskraft
3. Scharfsinn und Schlagfertigkeit
4. Änderungs- und Anpassungsfähigkeit
5. Planungs- und Durchführungsgeschick
6. Gestaltungskraft und Treffsicherheit.

Die Nummern der täglichen Aufgabenreihen finden Sie in den Feldern. Bearbeiten Sie jede so lange, wie die Zeitangabe im Titel zeigt. Für jedes Wochenende ist das passende Spiel der Woche angegeben.

	Mo	Di	Mi	Do	Fr	Wochenende
1.Woche	6 24 57 60	7 29 37 52	13 26 32 53	14 48 54 58	25 28 30 36	Spiel 1
2.Woche	3 13 49	4 14 57	5 25 60	26 30 54	37 52 29	Spiel 4
3.Woche	1 19 23	48 54 51	11 53 59	22 41 18	39 61 16	Spiel 2
4.Woche	9 32 51 62	10 11 38 54	6 12 28 53	15 21 52 57	17 18 27 47	Spiel 3
5.Woche	11 48 53	18 20 46	9 28 49	32 38 47	52 62 60	Spiel 6
6.Woche	8 51 32	2 46 49	13 20 47	14 63 24	27 57 36	Spiel 5

Übersicht

Trainieren Sie Ihre Kreativität in 15 Abteilungen. Hier können Sie sich informieren, welche Arten von Kreativität es gibt und welche Trainingsaufgaben für jede angeboten werden. Die Zahlen bezeichnen Aufgaben: Zahlen wie **6, 26** . . . haben große, die anderen wie 1, 7 . . . weniger große Bedeutung für die Kreativitätsart, in der sie aufgeführt sind.

1. Beweglichkeit: Sich leicht auf neue Formen und Inhalte des Wahrnehmens und Denkens einstellen und darauf eingehen.
6, 26, 28, 29, 30, 32, 48, 54;
1, 7, 15, 16, 17, 34, 37, 42, 49, 50, 51, 52, 56, 57, 59, 60.

2. Flüssigkeit: Schnelles und leichtes Finden geeigneter Einfälle und Vorstellungen.
26, 37, 49, 52, 57, 60, 68;
14, 18, 39, 48, 50, 54, 58.

3. Originalität: Außergewöhnliche, reichhaltige und interessante Einfälle und Lösungen haben.
3, 4, 6, 7, 13, 14, 24, 25, 29, 30, 36, 50, 54, 57, 58, 66, 67, 68;
28, 38, 41, 52, 60.

4. Analysieren: Inhalte und Zusammenhänge beschreiben, präzisieren und definieren.
1, 11, 16, 18, 19, 22, 23, 39, 48, 51, 53, 54, 55, 56, 59, 64;
12, 13, 20, 24, 40, 41, 43, 58, 61, 65.

5. Produzieren: Einfälle und Lösungsansätze systematisch herbeiführen.
5, 13, 14, 25, 26, 37, 49, 52, 54;
2, 3, 6, 24, 29, 30, 38, 50, 57, 58, 63, 67.

6. Konstruieren: Vorhandene Dinge und bekannte Ideen zweckmäßig zusammenfügen.
8, 13, 14, 51, 57, 59, 63;
2, 9, 10, 12, 21, 24, 25, 27, 34, 36, 38, 40, 44, 47, 49, 50, 54, 56, 58, 60, 62, 66.

7. Umgestalten: Zusammenhänge auflösen und neue Beziehungen zwischen den Teilen herbeiführen.
9, 11, 18, 28, 32, 38, 42, 43, 44, 47, 52, 62;
1, 3, 15, 21, 29, 30, 33, 36, 48, 51, 53, 54, 59, 65.

8. Ordnen: Einteilungen finden und vorhandene Dinge und Gedanken danach gruppieren.
18, 41, 61;
5, 12, 19, 23, 40, 49, 53, 55.

9. Ausdruckskraft: Erlebnisse, Gefühle und Erfahrungen formen und mitteilen.
3, 4, 25, 30;
28, 29, 58, 67.

10. Ausführen: Pläne gezielt ausarbeiten und in den Einzelheiten verwirklichen.
2, 8, 13, 27, 49, 63;
14, 24, 25, 36, 40, 44, 47, 50, 54, 55, 57.

11. Kombinieren: Beziehungen und Vergleiche auffinden und dadurch Lösungen herbeiführen.
6, 7, 15, 17, 51, 53, 54, 57;
1, 4, 9, 11, 18, 20, 25, 36, 40, 46, 48, 52, 59, 60, 66.

12. Übersetzen: Aussagen und Zeichen durch andere systematisch ersetzen.
10, 12, 21, 58, 62;
3, 28, 29, 30, 38, 62.

13. Entscheiden: Unterschiedliche Gesichtspunkte vergleichen, gegeneinander abwägen und weiterführende Handlungen festlegen.
20, 23, 45, 48, 53;
22, 32, 46, 49, 60.

14. Anpassen: Dinge und Gedanken auf Bedingungen abstimmen.
27, 54, 65;
11, 24, 30, 33, 37, 38, 48, 50, 52, 57, 59, 60, 64.

15. Organisieren: Vorhandenes auf Sinn, Ziel und Zweck ausrichten.
20, 32, 33, 34, 46, 49;
8, 13, 15, 27, 44, 45, 47, 59, 60, 63.

Werner Kirst/Ulrich Dieckmeyer

Intelligenz-training

rororo sachbuch

Denkspots
und Lernimpulse,
die alle geistigen
Fähigkeiten anregen
und fördern

Training und Intelligenz – ein Widerspruch in sich? Die Autoren dieses Buches räumen gründlich mit dem Vorurteil auf, Intelligenz und Begabung jedes Menschen seien vorgegeben. Sie entwickeln ein detailliertes Trainingsprogramm für alle Intelligenzfaktoren und Spezialbegabungen. Schon nach kurzer Übung wird jeder begreifen, wie fahrlässig er bisher mit seinem wichtigsten «Werkzeug» umgegangen ist. Und dabei ist das Trainieren logischen Denkens, scharfen Beobachtens, präzisen Kombinierens, intelligenten Verhaltens ein faszinierendes Vergnügen.

rororo sachbuch 6711

768/1